ZEHN x 10

Erfolgstips zur Existenzgründung und Reprivatisierung

ZEHN x 10

Erfolgstips zur Existenzgründung und Reprivatisierung

Herausgegeben von
Dieter Flämig
Siegfried Helias
Hans Masemann

Verlag Die Wirtschaft Berlin GmbH

Autoren:
Dr. Dieter Flämig
Siegfried Helias
Christian Luther
Hans Masemann
Alexander Poblotzki
Julius Wallot
Reinhard Weiser
Dr. Jürgen Wuthe

Gutachter:
Prof. Dr. sc. Werner Sydow

Lektorat:
Dr. Ulrich Juschkus
Dr. Susanne Krecker

Redaktionsschluß: 7.11.1990

ISBN 3-349-00874-7

Am Friedrichshain 22, O-1055 Berlin
Lizenz-Nr. 122 (137/90)
Einbandgestaltung: Bert Hülpüsch
Typographie: Verlag Die Wirtschaft/Sylvia Fischer
Printed in Germany
Layoutsatz: Laserline, W-1000 Berlin 15
Druck und Buchbinderei:
Dresdner Druck- und Verlagshaus GmbH
Bestell-Nr.: 676 681 0

Inhaltsverzeichnis

Vorwort

Jetzt geht es los!

40 Jahre Kommandowirtschaft haben tiefe Spuren hinterlassen: marode Betriebe, heruntergekommene Städte und eine Volkswirtschaft, die sich nur schwer auf den internationalen Wettbewerb einstellen kann.
Auch die Umwelt hat unter der sozialistischen Mißwirtschaft stark gelitten.
Viele erwarten jetzt ein “Wirtschaftswunder über Nacht”. Wir müssen aber erkennen, daß der Weg zu einer leistungsfähigen sozialen und umweltfreundlichen Marktwirtschaft kein angeordneter Husarenritt sein kann.
Der früher so hochgespielte Staat wird zukünftig nur ein Partner unter vielen sein. Denn es geht jetzt darum, eine Wirtschaft aufzubauen, in der die Privatinitiative, der persönliche Einsatz, ein marktorientiertes Denken und die marktnahe Belohnung von Leistung tragende Funktionen übernehmen. Nur eine solcherart ausgerichtete und breite Verbesserung unserer Leistungskraft führt uns zum wirtschaftlichen Erfolg und zu neuen, sicheren Arbeitsplätzen. Das kann man nicht verordnen oder verwalten, auch hier gilt jetzt: Wir sind das Volk. Alle sind gefordert!
Was die Menschen angeht, ist uns nicht bange. Es gibt eine große Bereitschaft, mit viel persönlichem Engagement aus der hinterlassenen Misere der Planwirtschaft herauszukommen.
Und fast alle erkennen, daß man jetzt an die Wurzeln des Übels heran muß – beim volkswirtschaftlichen Ganzen ebenso wie in den einzelnen Betrieben. Sonst werden wir die Probleme nur vor uns hinschieben, aber nicht lösen.

Wir müssen das selbständige, kreative und über den Tag hinausgehende Denken und Handeln überall fördern und ermöglichen. Der Staat muß hierfür den Rahmen schaffen und Anreize geben, gehört aber gerade deshalb immer mehr in die zweite Reihe.
Das magische Viereck unseres Aufschwungs werden Investitionen, Ansiedlungen neuer Firmen, Existenzgründungen und Qualifizierung sein. Alle vier Bausteine sind ohne das erforderliche Know-how, das Fachwissen und -können, nicht denkbar. Je mehr Know-how, desto besser!
Auf den Selbständigen in allen Bereichen kommt es jetzt an, auf einen breiten Mittelstand, der mit Vitalität, Qualität und gesundem Wettbewerbsgeist die Wirtschaft nun richtig ankurbelt.
Allen Unkenrufen und Miesmachern zum Trotz hören wir überall ein ermutigendes, unternehmerisches "Jetzt geht es los!".
Machen auch Sie mit, lieber Leser, wir werden es schaffen!

Die Autoren

Einführung: Was verbirgt sich für Existenzgründer hinter dem Begriff Markt?

von Siegfried Helias

Werden Sie Ihr eigener Chef, wenn Sie im Leben etwas erreichen wollen", rät Norman Rentrop, der clevere Herausgeber der "Geschäftsidee". Die "Geschäftsidee" ist eine Zeitschrift, die sich ausschließlich mit Ideen, Tips und Trends der Existenzgründung beschäftigt.
Norman Rentrop zitiert dabei gern den bekannten Hamburger Wirtschaftsprüfer Otto Geller, der feststellte, daß Sie es als Angestellter vielleicht zum Direktor bringen würden, aber nie zu echtem Wohlstand.
Es lohnt sich durchaus, sein eigener Chef zu werden. Denn Unternehmer verdienen weit mehr als Angestellte, Arbeiter und Beamte. Über 150 000,00 DM pro Jahr beträgt das durchschnittliche Netto-Haushaltseinkommen von Unternehmern in der Bundesrepublik, ermittelte das Statistische Bundesamt bereits 1986. Das sind Zahlen, die in Kürze sicher auch in den neuen Bundesländern erreichbar sein werden. Die ersten Erfolge sind schon sichtbar. So peilt der Gärtner Dieter Heymann in Meiningen ein Umsatzziel von einer Million für das erste Geschäftsjahr an. Mit einem ERP-Kredit über 1,25 Millionen Mark baute er ein 1000 m² großes Garten-Center auf und erzielte bereits in den ersten Monaten Rekord-Erlöse. Ihr ganz persönliches Wirtschaftswunder prophezeit die Wirtschaftszeitung "Capital" daher auch allen Existenzgründern und Unternehmern auf dem Gebiet der ehemaligen DDR. Der parlamentarische Staatssekretär im Bundesfinanzministerium Manfred Carstens sieht die dortigen Bürgerinnen und Bürger gar als Pioniere der 90 Jahre. Hier liegt für die Tüchtigen das Geld auf der Straße.

Für 1991 kann Carstens sich eine Wachstumsrate von 20 Prozent vorstellen. 1992 sieht er sogar einen neuen Trend: Es werden mehr Menschen von West- nach Ostdeutschland übersiedeln als umgekehrt.
Nehmen Sie Ihr Schicksal selbst in die Hand und zeigen Sie, was Sie können. Bestimmen Sie selbst, wann und wieviel Sie arbeiten. Auch wenn es meist mehr ist als bei einem Angestellten. Sie wissen stets, wofür Sie arbeiten: Für Ihr eigenes Unternehmen. Sie bestimmen auch, wo Sie arbeiten. Und mit wem. Hinzu kommen steuerliche Gestaltungsmöglichkeiten: Auto, Telefon, Reisen, Essen. Vieles können Sie steuermindernd absetzen.
Deshalb sollten Sie Ihr eigener Chef werden. Doch womit? Mit welcher Geschäftsidee? Und wie gehen Sie richtig voran?
Der erste Schritt auf dem Weg in Richtung Selbständigkeit ist die Selbstkritik. Das Bundesministerium für Wirtschaft stellt dazu in seiner Broschüre "Starthilfe" fest, daß eine erfolgreiche Existenzgründung wesentlich ausgeprägte persönliche Eigenschaften und Fähigkeiten voraussetzt. Die müssen Sie selbstkritisch – am besten in Gesprächen mit dem Ehepartner, der Familie und den Freunden – abfragen und prüfen. Versuchen Sie herauszubekommen, ob Sie das Zeug zum Unternehmer haben. Wie lauten die typischen Eigenschaften des erfolgreichen Selbständigen? Er ist dynamisch, aktiv, selbstbewußt, risikofreudig, geschäftstüchtig, kontaktfreudig, belastbar, fachkundig und flexibel.
Wer Entscheidungen lieber anderen überläßt, wer Verantwortung und Risiko scheut, wer nur auf Anweisung aktiv wird, der wird es auf dem Weg in die Selbständigkeit schwer haben.
Prüfen Sie anhand des in der Tabelle E.1 aufgestellten Fragekatalogs, wie qualifiziert Sie sind!
Wie ist der erste Test bei Ihnen ausgegangen? Sind Sie ein "starker Typ"? Wenn Sie diese Frage rundheraus bejahen können, gebührt Ihnen ein Kompliment. Sie müssen jedoch auch keineswegs verzagen, wenn einige Eigenschaften weniger stark ausgeprägt sind. Arbeiten Sie an sich und ver-

Tabelle E.1

Qualifikationsanforderungen an Existenzgründer

Über welche Qualifikationen sollte ein Existenzgründer verfügen, und wie sind diese Eigenschaften bei Ihnen ausgeprägt?
Die Deutsche Bank hat dafür einen Fragekatalog entwickelt.
Kreuzen Sie die zutreffenden Felder bitte an:

Felder	Sollte meiner Meinung nach vorhanden sein:		Ist bei mir vorhanden:	
	sehr stark	weniger stark	sehr stark	weniger stark
1. Kaufmännische Qualifikation				
2. Fachliche Qualifikation				
3. Führungsqualifikation				
4. Risikofreudigkeit				
5. Verläßlichkeit				
6. Ideenreichtum				
7. Überzeugungsfähigkeit				
8. Kontaktfreudigkeit				
9. Initiative				
10. Durchsetzungsfähigkeit				

suchen Sie vor dem Sprung in die Selbständigkeit Ihre Chancen zu verbessern.

Zu welchem Zeitpunkt auch immer Sie den Entschluß zu einem eigenen Unternehmen fassen, eine einfache "Faustformel" wird Ihnen helfen, keinen wesentlichen Punkt zu übersehen. In dem Begriff "Markt" ist im Grunde bereits all das enthalten, was Sie für den Anfang wissen müssen:

M = Mut – Möglichkeiten – Markt – Methodik
A = Angebot – Analyse – Aktionen – Arbeit
R = Ratgeber – Risiko – Rentabilität
K = Kapital – Kenntnisse – Kompetenz – Konkurrenz – Kunden – Konzept
T = Tat

M = Mut

Mit Mut ist hier der Wagemut gemeint, die eigenen Fähigkeiten zu nutzen und den Sprung in die Selbständigkeit zu wagen. Es ist der Mut, Gedanken nicht nur zu träumen, sondern sie in die Tat umzusetzen. Es ist mutig und anerkennenswert, mit dem Sprung in die Selbständigkeit Abschied von 8-Stundentagen, freien Wochenenden und oftmals auch von Hobby und Freizeit zu nehmen. Die scheinbaren Nachteile werden allerdings eingetauscht mit der Chance der Selbstverwirklichung und der Freude am erwirtschafteten Eigentum.

M = Möglichkeiten

Die Kenntnis der eigenen Möglichkeiten zeigt zugleich auch die eigenen Grenzen. Mit den eigenen Schwächen können wir vor allem dann leben, wenn wir sie kennen und darum abstellen oder begrenzen. Niemand muß alles können. Es ist also zunächst einmal die Besinnung auf die eigenen Fähigkeiten und auf die eigenen Möglichkeiten notwendig. Untersuchungen haben gezeigt, daß Unternehmen vor allem dann erfolgreich sind, wenn die Firmeninhaber sich als exzellente Branchenkenner erweisen und in der von ihnen gewählten Materie voll zu Hause sind.
Testen Sie darum Ihre Voraussetzungen für die Selbständigkeit, indem Sie die in der Tabelle E.2 (siehe Seiten 13/14) aufgelisteten Fragen beantworten.

Tabelle E.2

Voraussetzungen für die Selbständigkeit

Beantworten Sie bitte folgende Fragen mit “ja” oder “nein”. Je mehr Fragen Sie mit “ja” beantworten, umso besser sind Ihre Voraussetzungen für die Selbständigkeit.

Fragen	Antworten ja	Antworten nein
1. Sind Sie körperlich fit genug, um über einen langen Zeitraum hinweg einen Arbeitstag von mehr als 12 Stunden durchzustehen?		
2. Sind Sie geistig fit genug, um bei mehreren gleichzeitigen Problemen den Überblick zu behalten?		
3. Können Sie sich auch in Streßsituationen konzentrieren und vernünftige Entscheidungen treffen?		
4. Haben Sie vor der Gründung genügend Zeit für die notwendigen Vorbereitungen?		
5. Können Sie sich, wenn es darauf ankommt, schnell und zielsicher entscheiden? Sind Sie in der Lage, Rückschläge zu verkraften?		
6. Sind Sie bereit, für Ihre neue Existenz Geld und Freizeit, Nerven und Mühen zu investieren?		
7. Ist Ihre Familie bereit, in der Gründungsphase mitzuziehen und sich nicht von Ihnen vernachlässigt zu fühlen? Haben Sie genügend Geld für die Lebenserhaltung, um in den ersten Monaten ohne Firmengelder über die Runden zu kommen?		

Tabelle E.2

Voraussetzungen für die Selbständigkeit

Beantworten Sie bitte folgende Fragen mit "ja" oder "nein". Je mehr Fragen Sie mit "ja" beantworten, umso besser sind Ihre Voraussetzungen für die Selbständigkeit.

Fragen	Antworten ja	Antworten nein
8. Reicht Ihr Fachwissen aus, um gegenüber der Konkurrenz bestehen zu können? Haben Sie genügend Kenntnisse im Finanzwesen und über Betriebsführung?		
9. Haben Sie genügend Berufserfahrung, um Ihre Produktidee im Markt durchzusetzen?		
10. Kennen Sie Ihre Branche so gut, um eine Trendwende oder neue Marktchancen früh genug erkennen und nutzen zu können?		

M = Markt

Ohne den notwendigen Markt für Ihr Angebot sind Sie chancenlos. Es ist nicht notwendig, stets den gesamten Markt für sich in Anspruch zu nehmen. Oftmals ist es richtig, ein kleineres Segment erfolgreich zu besetzen, als sich im Gesamtbereich zu verzetteln. Wo Sie Ihre Akzente setzen wollen, müssen Sie selbst entscheiden. Die Zeitschrift "Capital" hat sechs Bereiche ausgemacht, die besonders lukrativ sind und die Ihnen als Orientierungshilfe dienen können:

Erstens: Beratung

Wohl nirgendwo hat sich die zentrale Planwirtschaft der ehemaligen DDR so verheerend ausgewirkt wie bei den Freiberuflern und Beratern aller Art. Mitte 1990 gab es auf dem Gebiet der ehemaligen DDR beispielsweise kaum 600 Rechtsanwälte (nicht mehr als in Braunschweig), 300 Steuerberater, je 400 frei praktizierende Ärzte und Zahnärzte sowie 24 private Apotheker. Tausende und aber Tausende Vakanzen sind immer noch zu besetzen.

Zweitens: Renovierung

Von den 7 Millionen Wohnungen auf dem Gebiet der ehemaligen DDR haben 30 Prozent keine Innentoilette, etwa 25 Prozent sind ohne Bad und Dusche. 40 Prozent der Wohnhäuser stammen noch aus der Kaiserzeit und sind fast sämtlich ohne Zentralheizung; nicht weniger als neun Zehntel davon sind reif für den Abriß. Der Sanierungsbedarf wird mit mindestens 200 Milliarden DM beziffert. Ein Dorado für Baufachleute.

Drittens: Modernisierung

In der Industrie sind 60 Prozent der Maschinen schrottreif, weil sie jahrzehntelang auf Verschleiß gefahren wurden. Auch die Ausstattung mit Computern ist dürftig: Ihre Dichte erreicht nur 5 Prozent des westdeutschen Niveaus. Ein Riesenmarkt für alle, die die Produktivität steigern helfen wollen.

Viertens: Tourismus
Auf dem Gebiet der ehemaligen DDR sind lediglich 20 Prozent der Beschäftigten in Dienstleistungsberufen tätig, in Westdeutschland über 35 Prozent. So gibt es zum Beispiel nur 1300 Hotels und 27 000 Gaststätten – pro Kopf halb so viele wie in der Bundesrepublik. 100 Milliarden DM beträgt der Investitionsbedarf bis 1995 allein auf diesem Gebiet. Auch Reisebüros sind rar. Die Chancen für neue Existenzen sind groß.

Fünftens: Umweltgestaltung
Schwere Luft, verseuchte Flüsse: Gerade noch 2,4 Prozent der Gewässer haben Trinkwasserqualität; 20 Prozent sind so verschmutzt, daß sie nicht einmal mehr für industrielle Zwecke zu nutzen sind. Binnen 10 Jahren müssen mindestens 130 Milliarden DM zur Umweltsanierung investiert werden. Das sind Herausforderungen und Verdienstmöglichkeiten sondergleichen für Umwelt-, Meß- und Regeltechniker.

Sechstens: Versorgung
Dringlichkeitsstufe eins: Engpässe bei Händlern und Handwerkern, Lagern und Transportieren kennzeichneten bisher den Mangel an Waren und Dienstleistungen auf dem Gebiet der ehemaligen DDR. Soll das Land allein mit Handwerkern alsbald gut versorgt sein wie Westdeutschland, müssen 900 000 Betriebe zwischen Elbe und Oder neu gegründet werden. Ein Aktionsfeld mit goldenem Boden.

M = Methodik
Das richtige methodische Vorgehen trägt dazu bei, vermeidbare Fehler rechtzeitig zu bemerken und zu umgehen. Eine Reihe von Formblättern für jede nur denkbare Frage der Unternehmensplanung hilft dabei, möglichst keinen wichtigen Punkt auszulassen. Wenn Sie jetzt sagen, was soll der ganze Papierkram, dann antworte ich Ihnen, diese Art der Vorbereitung ist das beste Training für Ihre spätere Betriebs-

führung. Papiere werden Sie überall hin begleiten. Nicht nur Formblätter und Checklisten, auch Statistiken, Erklärungen und Tabellen. In unserem Buch haben wir deshalb auch viele Orientierungshilfen eingearbeitet. Die hier zusammengefaßten methodischen Fragen und Übersichten führen Sie sicher durch das am Anfang unübersichtliche Labyrinth der Existenzgründung.

A = Angebot

Bevor Sie Ihr Angebot im Markt plazieren, müssen Sie erst einmal darüber nachdenken, was Sie eigentlich anzubieten haben. Sie können sich sowohl durch eine besondere Vielfalt als auch durch eine besondere Spezialisierung auszeichnen. Je besonderer und einzigartiger das Angebot ist, um so größer sind auch die Chancen, später erfolgreich zu bestehen. Es lohnt sich schon, am Anfang genau zu überlegen, welches Marktsegment Sie besetzen wollen. Was immer Sie auch anbieten, beachten Sie bitte, daß Sie Ihren Kunden ein Angebotsvorteil und ein Unterscheidungsmerkmal bieten. Das goldene Dreieck des Verkaufens besteht aus: Qualität – Preis – Service. Welche der drei Komponenten Sie auch betonen, versuchen Sie Ihre Leistung möglichst einzigartig und unverwechselbar zu gestalten.
Dabei kommt es wesentlich auf den "Nutzen" an. Doch es genügt nicht allein einen "Grundnutzen", wie zum Beispiel bei der Seife zu bieten. Unterscheidungen werden vor allem durch die unterschiedlichen Zusätze erreicht, unter anderem – um bei der Seife zu bleiben – durch die Form, durch die Farbe, durch die Parfümierung, durch die Verpackung, durch die Ergiebigkeit usw. Auf den "Zusatnutzen" kommt es also an.

A = Analyse

Zu analysieren haben Sie am Anfang u. a. den Markt, das Gebiet und das eigene Angebot. Stichwortartig aufgezählt, benötigen Sie bei der Marktanalyse Informationen über Einwohner, Kaufkraft, Mitbewerber (Konkurrenz), Preis- und

Qualitätsniveau der Produkte. Dazu kommen die Wirtschaftsstruktur, die Verkehrsstruktur, praktisch alle Daten, die eine Aussage über Ihr Einzugsgebiet zulassen. Bei der Angebotsanalyse beschreiben Sie bitte, wie Ihr Angebot vollständig aussieht, welche Besonderheiten vorhanden sind und wodurch Sie sich von anderen Mitbewerbern unterscheiden. Insgesamt sind es zehn Analyse-Felder, denen Ihr besonderes Augenmerk gelten muß. Sie finden Sie in der Tabelle E.3 (siehe Seiten 19 – 21) erläutert.

A = Aktionen

Machen Sie sich bitte schon am Anfang Gedanken darüber, durch welche besonderen Aktionen Sie Ihr Angebot unterstützen wollen. Das gilt sowohl für die Einführungsphase, als auch für die weiterführenden Aktionen. Der Gründungsexperte Norman Rentrop äußert zu dieser Thematik: "Wer nicht wirbt, um Geld zu sparen, könnte genausogut die Uhr anhalten, um Zeit zu gewinnen." Und er sagt: "Testen und Kontrollieren sind die großen Geheimnisse erfolgreicher Werbung. Geben Sie nicht einfach eine Serie von Anzeigen auf, weil der Anzeigenvertreter Mengenrabatte verspricht. Sondern schalten Sie zunächst nur eine Anzeige, und zwar mit einem kontrollierbaren Angebot (z. B. 'Rufen Sie noch heute an und verlangen Sie Prospekt XYZ' = Das ist ein Hinweis für Sie, aufgrund welcher Anzeige der Interessent anruft). Erst, wenn sich der Erfolg auf diese Anzeige einstellt, sollten Sie die nächsten schalten. Wenn nicht, testen Sie andere Werbeträger, andere Angebote, andere Schlagzeilen und andere Preise."

Die von ihm empfohlene "Checkliste" für gezielte Werbeaktionen finden Sie in der Tabelle E.4 (siehe Seite 22).

A = Arbeit

Sind Sie bis zu diesem Punkt gekommen, stecken Sie schon tief in der Arbeit drin. Schon hier formt sich die Fähigkeit aus, Wichtiges von Unwichtigem zu unterscheiden. Kein Mensch

Tabelle E.3

Unternehmensanalysen

Analysieren Sie Ihr unternehmerisches Betätigungsfeld:

Analyseschwerpunkte	Fragestellungen
1. Markt-analyse	Welche Informationen stehen über die Einwohner – untergliedert nach Geschlecht, Alter und Einkommen – zur Verfügung?
2. Gebiets-analyse	Wo kommen die Kunden generell her, und welche Schwerpunkte gibt es im Absatzgebiet?
3. Konkurrenz-analyse	Welche wesentlichen Konkurrenten sind für mich interessant, und welche Informationen benötige ich von ihnen?
4. Kunden-strukturanalyse	Aus welchen wesentlichen potentiellen Gruppen setzen sich meine Kunden zusammen, und welche Verbrauchergewohnheiten haben sie?

Tabelle E.3
Unternehmensanalysen

Analysieren Sie Ihr unternehmerisches Betätigungsfeld:

Analyseschwerpunkte	Fragestellungen
5. Angebotsanalyse	Wie sieht unser Angebot total aus, welche Besonderheiten sind vorhanden, und wie habe ich es den potentiellen Kunden bekannt gemacht?
6. Aktionsanalyse	Durch welche besonderen Aktionen wird mein Angebot unterstützt und welche sind geplant?
7. Verbrauchsanalyse	Wie oft und in welchen Zeiträumen wird mein Angebot von den Kunden in Anspruch genommen?
8. Saisonanalyse	Wann gibt es Schwerpunkte, wann Leerlaufzeiten? Gibt es besondere Tage, Tageszeiten oder Jahreszeiten?

9. Leistungs-analyse	Wie gestalten sich Umfang, Aktualität und Trendorientierung meiner Produkte?
10. Preis-analyse	Wie sieht meine Kalkulation aus, und wie verhalten sich meine Preise gegenüber den Preisen meiner wichtigsten Konkurrenten?

Tabelle E.4
"Checkliste" für Werbeaktionen nach N. Rentrop

Haken bzw. kreuzen Sie die für Sie wichtigen Positionen ab, bzw. an:	
Alle Werbeträger geprüft?	
1. Tageszeitungen	O
2. Anzeigenblätter	O
3. Wochenzeitungen	O
4. Örtliche Zeitschriften (z. B. Stadtzeitschrift, Senioren-Zeitschrift)	O
5. Schüler- und Studentenzeitschriften	O
6. Publikumszeitschriften (z.B. "stern")	O
7. Fachzeitschriften	O
8. Werbebriefe, Direktwerbung	O
9. Telefon- und Branchen-Fernsprechbücher	O
10. Spezialwerbeträger (Theaterprogramme, Eintrittskarten)	O
11. Kinowerbung	O
12. Plakate	O
13. Autoaufkleber	O
14. Private Verkehrsmittel (Firmenwagen)	O
15. Prospekte, Handzettel, Beilagen	O
16. Telefonmarketing	O
17. Verpackungsmaterial	O
18. Werbegeschenke	O
19. Messen und Ausstellungen	O
20. Außenwerbung (Schilder, Leuchtreklame, Hausbeschriftungen usw.)	O
21. Verkaufsförderungsaktionen (z. B. Werbung mit Prominenten, kostenlose Proben)	O
Öffentlichkeitsarbeit nicht vergessen?	
1. Presseinformation	O
2. Den Redakteur in seiner Redaktion besucht	O
3. Journalisten eingeladen	O
4. Eventuell Tag der offenen Tür	O
Beratung erforderlich?	
1. Werbeagentur, Werbeberater	O
2. Direktwerbe-Speziallist	O
3. Grafiker	O
4. Werbetexter	O

zwingt Sie, alles selbst zu machen. Erledigen Sie bitte nur das wirklich selbst, was Sie am besten können, und delegieren Sie andere Arbeiten, die Sie belasten und den Überblick erschweren. Arbeit bedeutet auch Arbeitsteilung. Gelingt dies nicht von Anfang an, geraten Sie leicht in die Gefahr, den Blick für das Wesentliche zu verlieren und aus der "Froschperspektive" zu urteilen. Besser und für jeden Unternehmer richtiger ist die "Adlerperspektive", das bedeutet, jederzeit einen umfassenden Überblick zu haben.

R = Ratgeber

Gute Ratgeber sind in jeder Phase erforderlich. Schlechte Ratgeber können Ihrem Betrieb schneller den Garaus machen als Sie denken. Rat und Hilfe finden Sie kostenfrei bei den Industrie- und Handelskammern, bei den Handwerkskammern, bei Banken und Sparkassen. Außerdem gehören der richtige Steuerberater, ein Rechtsanwalt und all jene dazu, von denen Sie selbst der Meinung sind, daß Ihnen der Rat hilfreich und nützlich sein kann. Gute Ratgeber sind in jedem Fall die erwähnten Industrie- und Handelskammern und die Handwerks-Kammern. Sie können mit folgenden Orientierungshilfen rechnen:

- Verfahrensweise der Erteilung von Gewerbegenehmigungen,
- Grundfragen des Kreditwesens,
- Buchführung und Steuern,
- Tarifrecht,
- Rechte und Pflichten eines Gewerbeträgers,
- Preisrecht und
- Auskünfte zu gesetzlichen Bestimmungen und praktischen Regelungen des Exports bzw. Imports von Leistungen oder Waren auf kommerzieller Basis.

Natürlich können Sie auch die Hilfe eines Unternehmensberaters in Anspruch nehmen. Einen Teil der Beratungskosten zahlt Ihnen sogar der Staat.

R = Risiko

Versuchen Sie von vornherein das Risiko so realistisch wie möglich einzuschätzen. Stellen Sie sich immer den schlimmsten eintretenden Fall vor und überlegen Sie dann bitte, ob Sie diesen schlimmsten Fall überstehen würden. Unternehmenszweck muß immer sein, am Markt zu bestehen, nicht ihn zu verlassen. Das sind Sie Ihren Kunden, Ihren Mitarbeitern, Ihrer Familie und letztlich auch sich selbst schuldig. Bemessen Sie Ihre Aktivitäten stets so, daß Sie ausreichend finanziell abgesichert sind. Der Risikofaktor besteht aber keineswegs nur in der Finanzierungsfrage. Risiken bieten auch eventuell fehlende oder nicht genügend ausgebaute fachliche, unternehmerische oder andere wesentliche Fähigkeiten. Risikofaktoren können auch sich schnell ändernde Marktlagen, schwankendes Käuferverhalten, mangelnde Standortsicherung und anderes sein.

Das größte Risiko liegt in der Anfangsphase. Wissenschaftler der Universität Köln haben untersucht, woran Existenzgründer scheitern und dabei den folgenden Katalog aufgestellt:

- zu geringe kaufmännische Kenntnisse,
- zu geringes Eigenkapital und andere Finanzierungsschwächen,
- fehlerhafte Buchführung und mangelnder geschäftlicher Durchblick,
- ungenaue Kalkulation,
- veraltete technische Ausrüstung,
- unzureichende Planung,
- zu üppige Geldentnahme des Jungunternehmers,
- zu hohe Verwaltungskosten,
- ungeeignete Mitarbeiter,
- Finanzierung langfristiger Verbindlichkeiten mit kurzfristigen Krediten,
- Fehleinschätzung der Marktentwicklung,
- mangelnde Anpassung bei negativen Konjunktureinflüssen,

- fehlender Überblick und Organisationsfehler bei raschem Wachstum des jungen Unternehmens.

R = Rentabilität

Was immer Sie auch tun – es muß immer berechenbar sein. Kalkulieren Sie genau, ob der von Ihnen beabsichtigte Gewinn auch zu erreichen ist. Dazu gehört eine exakte Kalkulation der voraussichtlichen Umsätze, Kosten und Gewinne, die Sie so realistisch wie möglich einschätzen sollten.

K = Kapital

Verfügen Sie über genügend Eigenkapital, dann ist die ganze Angelegenheit kein Problem. Da dies jedoch in der Regel nicht der Fall ist, werden Sie sich um Fremdkapital bemühen müssen oder fehlendes Kapital durch andere Möglichkeiten ersetzen. Dazu kann zum Beispiel die Übernahme eines Konzessionsbetriebes (bei den Gaststätten üblich), die Möglichkeit des Leasings, des Franchisings (Übernahme eines gesamten Unternehmenskonzepts) oder die Pacht einer fertigen Betriebsstätte gehören. Die Frage des Kapitals ist meist eine Frage der Kredite. Und dazu gehört wiederum die Kreditwürdigkeit. Das Wesentlichste ist hier der Vergleich. Und Vergleichsmöglichkeiten haben Sie reichlich. Sowohl bei den Partnern, wie zum Beispiel Banken und Sparkassen, als auch bei den Kreditarten. Besondere Existenzgründungskredite, Kredite aus ERP-Mitteln oder Regionalfonds bieten günstigere Voraussetzungen als der "normale" Kapitalmarkt. Eines sollten Sie vor der Beantragung öffentlicher Mittel wissen: Sie dürfen zuvor keine finanziellen Bindungen eingehen. Nachfinanzierungen und Umschuldungen sind nicht förderungswürdig. Weiteres lesen Sie im Kapitel "Unternehmensfinanzierung".
Um Ihre finanzielle Ausgangssituation richtig einschätzen zu können, arbeiten Sie die in der Tabelle E.5 (siehe Seite 26) aufgestellten Fragen sorgfältig ab.

Tabelle E.5
Finanzielle Bestandsaufnahme

Stellen Sie anhand folgender Fragen Ihre finanzielle Ausgangssituation fest:

Fragestellung	Betrag in DM
1. Wenn Sie sich selbständig machen: Welches Jahreseinkommen bleibt Ihnen und Ihrem Ehepartner erhalten (die Erlöse aus der neuen Firma nicht gerechnet)?	
2. Wie hoch sind Ihre privaten Ausgaben im Monat?	
3. Wenn Sie sparen: Mit wieviel kommen Sie notfalls aus?	
4. Wie hoch sind Ihre eigenen Mittel, die Sie investieren könnten (Bargeld, Sparguthaben, Wertpapiere)?	
5. Wieviel davon wollen Sie in die Gründung investieren?	
6. Wie hoch schätzen Sie Ihren Geldbedarf in der Anlaufphase für Investitionen, Geschäfts- und Lebenshaltungskosten?	
7. Die Differenz zwischen 5 und 6 ist Ihr Kreditbedarf.	
8. Wieviel Kredit können Sie von Freunden und Angehörigen bekommen?	
9. Wie hoch ist demnach Ihr Kreditbedarf bei Kreditinstituten einschließlich der öffentlichen Förderung?	
10. Welche Sicherheiten können Sie Ihrem Kreditinstitut bieten (z. B. Grundstücke, Gebäude, PKW)?	

K = Kenntnisse

Besinnen Sie sich auf Ihre Kenntnisse und speziellen Fähigkeiten und setzen Sie diese dort ein, wo sie dem Betrieb am meisten nutzen. Haben Sie keine Angst davor, wenn Mitarbeiter einzelne Fachbereiche besser als Sie selbst beherrschen. Ein Unternehmen ist wie ein Mosaik, das aus vielen Einzelteilen besteht und nur in einer sinnvollen Kombination ein Ganzes ergibt. Wichtig ist es vor allem, daß Sie stets die Fäden in Ihrer Hand halten und keine wesentliche Entscheidung an Ihnen vorbei getroffen wird.

K = Kompetenz

Nur wer fundierte Kenntnisse hat, kann Erkenntnis und Kompetenz erlangen. Setzen Sie als Unternehmer Ihre Kompetenz dort ein, wo sie für das Unternehmen am wichtigsten ist. Nicht immer vereinen sich alle Kompetenzen in einer Hand. Und nicht immer ist beispielsweise der hochbefähigte Diplom-Ingenieur zugleich auch ein guter Manager. Mangelnde Kompetenzen lassen sich kompensieren. Wichtig ist auch hier, den Gesamtüberblick zu behalten und sich nicht in Einzelheiten zu verlieren.

K = Konkurrenz

Konkurrenz belebt das Geschäft wohl nur selten. Vielmehr ist es meist so, daß die Gesamtnachfrage in einem Markt unverändert bleibt und sich lediglich die Marktanteile der einzelnen Mitbewerber untereinander verändern. Meist zu Lasten der "Kleinen". Dabei ist es durchaus nicht so, daß die "Großen" die "Kleinen" fressen, sondern die "Schnellen" fressen die "Langsamen". Halten Sie sich darum ständig auf dem laufenden und informieren Sie sich, wieviel Konkurrenten Sie haben, wer die wichtigsten Mitbewerber sind und welche Produkt- und Absatzstrategien dort durchgeführt werden.

K = Kunden

Der Kunde ist König – jetzt mehr als je zuvor. Er hat die Wahl und entscheidet mit seinem Verhalten, welche Unternehmen im Markt bestehen bleiben oder nicht. Das Wesentliche ist das bedarfsgerechte und flexible Eingehen auf die Kunden-

Tabelle E.6:
Fragen zum Gründungskonzept

Beantworten Sie die gestellten Fragen so genau wie möglich:

1. Beschreiben Sie hier so genau wie möglich Ihr Vorhaben.

2. Worauf gründen Sie Ihre Erfolgseinschätzungen?

3. Welche Ziele wollen Sie erreichen?

4. Welche Produkte oder Leistungen bieten Sie in welcher Branche an?

5. Welche Art der Tätigkeit (z. B. Einzelhandel, Fabrikationsbetrieb, Beratungsbüro) planen Sie?

6. Wie hoch schätzen Sie Ihren Finanzierungsbedarf?

7. Wieviel Geld können und wollen Sie aus eigenen Mitteln finanzieren?

8. Wie lange wird es nach Ihren Plänen dauern, bis Sie Gewinn erwirtschaften?

9. Nennen Sie Ihre Erwartungen für die ersten drei Jahre:

1. Jahr		Umsatz	2. Jahr		Umsatz	3. Jahr		Umsatz
	./.	Kosten		./.	Kosten		./.	Kosten
	=	Ergebnis		=	Ergebnis		=	Ergebnis

10. Worin sehen Sie die Hauptschwierigkeiten für Ihr Projekt?

wünsche. Jegliches Angebot hat sich so am Kunden zu orientieren, daß es möglichst schnell und dauerhaft angenommen wird.
Das hängt ganz entscheidend von Ihrem Konzept ab, das Sie ebenfalls einer ständigen marktgerechten Prüfung unterziehen müssen.

K = Konzept
Ihr Konzept ist Ihr persönlicher "roter Faden". Es soll Sie sicher durch alle Unternehmensphasen lenken. Beachten Sie dabei bitte, daß Sie selbst sich am Markt orientieren müssen und Sie selbst Ihre Vorhaben ständig auf Aktualität überprüfen müssen. Fangen Sie jetzt erst einmal mit Ihrem Gründungskonzept an. Benutzen Sie dazu den Fragekatalog der Tabelle E.6 (siehe Seiten 28 – 29).

T = Tat
Haben Sie die genannten Vorstufen durchlaufen? Herzlichen Glückwunsch! Dann sind Sie für die Zukunft bestens gerüstet und können Stufe für Stufe die weitere Treppe der Selbständigkeit erklimmen.

ZEHN x 10

1. Unternehmensgründung

von Siegfried Helias

Auch die längste Reise beginnt mit dem ersten Schritt. Doch bevor Sie diesen Schritt unternehmen, sollten Sie zunächst einmal eine klare Vorstellung von Ihren Möglichkeiten und Zielvorstellungen haben. Dazu gehört – wie im Einführungskapitel bereits veranschaulicht – das Wissen um die eigenen Stärken und Schwächen in persönlicher, sachlicher und materieller Hinsicht. Schon allein darum, daß Sie diese Zeilen lesen, unterscheiden Sie sich von vielen Anderen. Ein Unternehmer im Sinne des Wortes ist kein Unterlasser. Er wird beständig an sich und seinem Betrieb arbeiten, um auch auf Dauer erfolgreich zu sein.
Die nachfolgende P-Formel soll dazu beitragen, in der richtigen Reihenfolge bei der Unternehmensgründung voranzuschreiten. In den 10 Punkten ist ein "P" nicht enthalten: Probleme. Diese werden Sie reichlich antreffen. Auch schon am Beginn Ihrer Entscheidung, sich selbständig zu machen. Probleme sind nun einmal dazu da, um gelöst zu werden, nicht um in ihnen zu verharren. Schrecken Sie also nicht vor Schwierigkeiten zurück, sondern versuchen Sie einfach, für jedes Problem eine richtige Lösung zu finden. Das Denken in Lösungen und nicht in Problemen ist zunächst einmal die erste wichtige Voraussetzung für einen erfolgreichen Unternehmer bzw. eine Unternehmerin.

1.1. Projektbeschreibung

Unabhängig von der Branche und unabhängig von der Unternehmensform müssen Sie am Anfang Ihr Projekt so genau wie möglich skizzieren. Oftmals erweist sich eine exakte schriftliche Beschreibung des geplanten Vorhabens schon als unüberwindliche Hürde. Nicht umsonst wagt nur jeder dritte der Unternehmensplaner letztlich auch wirklich den Sprung in die Selbständigkeit. Dabei kann sich das unternehmerische Risiko ebenso als Hemmschuh erweisen wie das fehlende Kapital, ein ungenügendes Grund- oder Fachwissen, aber auch der bürokratische Aufwand und die Last der Verantwortung.

1.2. Projektform

Rund 70 Prozent aller Betriebe werden von einem Einzelunternehmer geführt. Dieser hat die alleinige Entscheidungsgewalt. Dafür trägt er das volle wirtschaftliche Risiko. Geeignete Geschäftspartner können dem Existenzgründer nicht nur mit ihrem Kapital, sondern auch mit Wissen und Erfahrung zur Seite stehen. In einem solchen Fall hat die Wahl der Rechtsform eine erhebliche Bedeutung – in rechtlicher, steuerlicher und wirtschaftlicher Hinsicht. Ob Sie selbst nun ein Einzelunternehmen führen oder eine Kapital- oder Personengesellschaft vorziehen, hängt vom konkreten Einzelfall ab. Die aufgeführten Möglichkeiten in den Kapiteln 2 und 3, "Unternehmensformen" und "Unternehmensrecht", sollen dabei zur ersten Orientierung dienen.

1.3. Perspektive

Berechnen Sie sich von Anfang an Ihre Perspektive kurz-, mittelfristig und langfristig. Das allgemeine Marktpotential ist beachtlich. Das ist vor allen Dingen die Chance für leistungsfähige Unternehmen mit einer hohen Anpassungsfähigkeit. Existenzgründer sollten sich am Anfang auf eine längere Durststrecke einrichten. Sinnvoll ist es, das Leistungsangebot – sofern es möglich ist – vorher im Markt zu testen. Auch ein stufenweiser Start ist denkbar. Investitionen sollten Sie zuerst in den Markt vornehmen und die sonstigen Investitionen für Maschinen, Büroeinrichtungen, Gebäude u. ä. stufenweise nachwachsen lassen.

1.4. Philosophie

Es ist mehr als einen Gedanken wert, eine grundlegende Leitidee festzulegen. Es ist unerheblich, ob Sie der größte, der beste oder der billigste Anbieter sein wollen, ob Sie besondere Serviceideen haben, oder ob Sie es Ihren Kunden so bequem wie möglich machen möchten. Wichtig ist, daß Sie Ihre Idee konsequent und von Anfang an durchsetzen.

1.5. Partner

Ob Partner sich als fördernd oder hemmend erweisen, zeigt erst die Praxis. Wichtig ist es, nicht nur miteinander zu "können", sondern auch sich untereinander zu ergänzen. Unterschiedliche Talente sinnvoll genutzt, können eine reizvolle und attraktive Mischung ergeben. Legen Sie von vornherein untereinander die Interessenlagen fest und entscheiden Sie dann gemeinsam, welche Form der Partnerschaft Sie eingehen möchten: als Berater im Bedarfsfall, als stille Gesellschafter, als tätige Gesellschafter oder lediglich als Kapitalanleger.

1.6. Programm

Versuchen Sie, Ihr Programm, das heißt Ihr Angebot, einzigartig und unverwechselbar zu gestalten. Um so größer sind die Chancen, sich nicht nur im Markt durchzusetzen, sondern auch im Markt bestehen zu bleiben. Definieren Sie Ihr Angebot so präzise wie möglich, arbeiten Sie die Besonderheiten heraus und kalkulieren Sie den Preis so, daß Ihr Betrieb rentabel arbeiten kann. Der Billigste im Markt zu sein, das kann jeder. Es ist gefährlich, auf die Dauer nur über den Preis zu verkaufen. Die Kunden, die lediglich den Preisvorteil suchen, sind auch am ehesten wieder abgesprungen. Herabsetzen lassen sich Preise immer. Heraufsetzen ist da wesentlich schwieriger. Dabei genügt es nicht allein, daß Sie wissen, wie gut Ihr Angebot ist; Sie müssen es auch nachhaltig den Kunden bekanntmachen. Das bezieht sich sowohl auf die Präsentation im Betrieb als auch auf die Werbestrategie. Eine Eröffnungswerbung ist im Regelfall dann sinnlos, wenn sie lediglich am Anfang ein "Aha-Erlebnis" auslöst und dann keine sinnvolle und kontinuierliche Fortsetzung der Werbemaßnahmen erfolgt. Setzen Sie Ihren Werbeetat so ein, daß Sie am Anfang einige kräftige Wirkungen erzielen und danach noch Mittel für die notwendige Nachwerbung vorhanden sind.

1.7. Platz

Der Standort ist einer der wichtigsten Erfolgsfaktoren. Entscheidend ist, daß der Standort möglichst kundenorientiert ausgewählt wird. Dabei spielt das Einzugsgebiet eine ebenso große Rolle wie die Verkehrsverhältnisse und die Konkurrenzsituation. Die nachfolgenden Punkte listen einige der Möglichkeiten auf, den richtigen Standort zu finden:

- In den Immobilienteilen der Zeitungen werden Geschäftsräume für alle nur denkbaren Branchen angeboten. Das gilt auch für die Übernahme bestehender Geschäfte.
- Geben Sie selbst Anzeigen in den Tageszeitungen oder den entsprechenden Fachblättern auf. Die Resonanz ist manchmal beachtlich, und Sie haben den Vorteil, unter den Angeboten in Ruhe wählen zu können.
- Schreiben Sie Makler an und wenden Sie sich insbesondere an Fachmakler, wie es sie für bestimmte Berufsgruppen gibt.
- Rufen Sie Eigentümer oder Hausverwaltungen an, oder senden Sie einen kurzen Brief mit Ihren Vorstellungen und melden Sie sich dann telefonisch.

Versichern Sie sich, daß der Mietvertrag Ihnen eine genügend lange Investitionsschutzdauer gibt. Ihnen nutzen die beste Präsentation, die besten Produkte und die beste Einrichtung nichts, wenn Sie sich auf eine Investitionsdauer von 10 Jahren eingerichtet haben und nach einem Jahr bereits wieder auf der Straße stehen. Am günstigsten sind langfristige Mietverträge (zwischen 5 bis 10 Jahren), die Ihnen nach der Grundmietzeit eine zusätzliche Option auf Verlängerung der Mietzeit einräumt.

1.8. Personal

Der fähige Umgang mit den eigenen Mitarbeitern und sorgfältig gewählte Aus- und Weiterbildungsmaßnahmen sind eine solide Grundlage für ein gutes Betriebsklima. Dieses Betriebsklima strahlt auch auf Ihre Kunden aus und kann im günstigsten Fall eine magnetische Wirkung entfalten. Hüten sollten sich alle Unternehmer vor der berüchtigten 80-Prozent-Regel, das heißt nur Mitarbeiter einzustellen, die maximal 80 Prozent der Leistung des Inhabers bringen. Stellt ein sogenannter 80-Prozent-Mitarbeiter wiederum einen Kollegen ein, der nur 80 Prozent seiner Leistung bringt, so erreichen wir schon nach wenigen Etappen den Punkt Null. Weitere Informationen erhalten Sie im Kapitel 7 "Personalwesen" von Hans Masemann.

1.9. Planung und Phasen

Solange die guten Absichten nur auf dem Papier bestanden, war vieles noch einfach. Und manche gute Absicht wird von der Realität eingeholt und erweist sich in der Praxis als untauglich. Die Planungsumsetzung ist die heikelste Phase, zumal dann, wenn die Vorbereitungen nicht genau genug getroffen wurden, oder sich die Theorie tatsächlich als praxisuntauglich erweist.
Nehmen Sie sich von Anfang an vor, Ihr Unternehmen wirklich unternehmerisch zu leiten. Das Verwalten überlassen Sie anderen. Ihr unternehmerischer Geist zeigt sich vor allen Dingen in den Phasenabläufen der Unternehmensentwicklung. Im unterschiedlichen Rhythmus wechseln sich folgende Phasen ab:

- die architektonische Phase,
- die plastische Phase und
- die malerische Phase.

In seiner architektonischen Phase kämpft das Unternehmen mit Mut, Zähigkeit und außergewöhnlichem Engagement alle

Widerstände nieder, um einer "Gründeridee" (d. h. einer bestimmten Unternehmens-Philosophie) zum Erfolg zu verhelfen. In der architektonischen Phase entsteht auf einem oft sehr sicherem Fundament der Rohbau eines Unternehmensgebäudes. Architektonische Phasen sind überwiegend verstandesbetont. Dabei werden die Leistungen und Fähigkeiten meist sachlich verdeutlicht – und neue Ideen und Denkweisen diskutiert.

In der plastischen Phase hat das Unternehmen dann bereits viele seiner ursprünglichen Ziele erreicht. Jetzt geht es darum, die Gründungsidee sorgfältig auszuformen. Noch immer regiert der Verstand, der jetzt aber auf echte Traditionswerte zurückgreifen kann, so daß auch das Gefühl bereits stark beteiligt ist. Das Unternehmen steht in seiner plastischen Phase in aller Regel in voller Blüte.

Die Probleme beginnen in der nächsten, der malerischen Phase. Die Gründungsidee hat jetzt, oft beeinflußt durch ebenso "selbständig" wie zunehmend isoliert arbeitende Mitarbeiter, so viele Farbtupfer und Facetten erhalten, daß das Ganze beginnt, sein einprägsames, unverwechselbares Gesicht zu verlieren. Die Gründungsidee erfährt daher auf allen Managementstufen vielfältigste Interpretationen. Das Unternehmen beginnt zwangsläufig, sich in seinen Aktivitäten stark zu zersplittern. Malerisch beginnt das Ganze zu zerfließen.

Als klar denkender Unternehmer müssen Sie sich in einer beständigen "inneren Inventur" befinden und rechtzeitig die sich eventuell einstellende malerische Phase mit einer Neustrukturierung abschließen.

1.10. Prioritäten

Legen Sie von vornherein eine Prioritätenliste an, in der Sie festlegen, was Sie wann, wo und wie und in welcher Reihenfolge erledigen würden. Ein geordnetes Nacheinander bei einer festgelegten Prioritätenreihenfolge verhindert, daß Ihnen schon am Beginn die Dinge über den Kopf wachsen. Damit Sie wirklich nichts vergessen, empfehle ich Ihnen, sich mit dem Verlag Norman Rentrop in Verbindung zu setzen, der über komplette Unternehmenskonzepte verfügt. Im Rahmen seiner Reihe “Der Gründungsplaner” können Sie Arbeitsmappen mit einer Vielzahl von Ideen, Anregungen und Marktbeurteilungen finden.

Welche Konzeptionen zu welchen Konditionen erhältlich sind, erfahren Sie direkt vom Verlag Norman Rentrop, Theodor-Heuss-Str. 4, D-5300 Bonn 2.

Mit 5,– DM sind Sie bei der Berliner Volksbank dabei, wenn Sie die Marktchancen in den gängigsten Branchen erkunden wollen. Die ständig aktualisierten Branchenbriefe bieten für den Anfang einen vorzüglichen Einblick.

Wenden Sie sich einfach an die Filialen der Berliner Volksbank.

ZEHN x 10

2. Unternehmensformen

von Christian Luther

Einführung

Neben anderen wichtigen Aspekten steht bei der Unternehmensgründung auch die Wahl der rechtlichen Form des neuen Betriebes im Vordergrund. Sie werden schnell erkennen, daß es sich hierbei nicht nur um eine reine Formalie handelt. Es geht vielmehr um ganz erhebliche rechtliche und wirtschaftliche Folgen. Wichtige Kriterien bei der Auswahl der optimalen Unternehmensform sind vor allem

- die Höhe des einzusetzenden Kapitals,
- die Haftung des Unternehmers,
- die steuerliche Belastung,
- die Verteilung des Gewinnes und nicht zuletzt
- die Frage nach der Kreditwürdigkeit des Unternehmens.

Sie müssen als Unternehmensgründer also vorab klären, ob Sie das Unternehmen allein oder mit Partnern betreiben möchten, wie die Kapitalverhältnisse beschaffen sein sollen, und welche Konsequenzen sich aus finanziellen Beteiligungen ergeben. Fragen Sie sich außerdem, ob Sie den Betrieb selbst leiten wollen, und welche steuerlichen Aspekte berücksichtigt werden müssen.

Zu beachten ist ebenfalls das spezielle Risiko des Vorhabens und die damit verbundene Beschränkung für eventuelle Verbindlichkeiten. Dieser Punkt ist insofern hervorzuheben, als sich die Beschränkung für Verbindlichkeiten auf die Kreditwürdigkeit und somit auch auf die Finanzierung auswirken kann. Gerade für Kreditinstitute, aber auch für künftige Geschäftspartner ist es wichtig, welches Ansehen die entsprechende Rechtsform im Geschäftsverkehr genießt. So haften Sie als Einzelunternehmer für Ihre geschäftlichen Schulden unbeschränkt, das heißt, daß die Gläubiger sich im "Ernstfall" sowohl an das Geschäfts- als auch an Ihr Privatvermögen halten können. Mit dieser uneingeschränkten Haftung steigt jedoch andererseits Ihre Kreditwürdigkeit, die bei eingeschränkter Haftung nicht in diesem Maße vorhanden ist. Demzufolge ist es wenig zweckmäßig, als Einzelunternehmer eine Gesellschaft mit beschränkter Haftung (GmbH) zu gründen, um dem Geschäft nach außen hin mehr Glanz zu verleihen und die persönliche Haftung zu begrenzen. Darüber hinaus ist ein Risikoschutz gegenüber Kreditinstituten nicht gegeben, da diese in der Regel für die Kreditvergabe private Sicherheiten verlangen. Sollen aus finanziellen oder fachlichen Gründen Partner-Gesellschafter beteiligt werden, bieten sich die Rechtsformen der Offenen Handelsgesellschaft (OHG) und der Kommanditgesellschaft (KG) an. Die schon genannte Form der GmbH, aber auch die GmbH & Co KG bieten sich für den Haftungsausschluß am privaten Vermögen an. Die stille Gesellschaft bietet die Möglichkeit der Kapitalzufuhr, ohne daß die Beteiligung nach außen in Erscheinung tritt und die Entscheidungsgewalt nach innen beeinträchtigt wird.

Fest steht, daß der Einzelunternehmer zwar eigener Herr, jedoch mit hohem finanziellen Risiko behaftet ist. Die OHG dagegen genießt hohes Ansehen bei Banken und Sparkassen – zumeist jedoch auf Kosten der alleinigen Entscheidungsgewalt. Dem bedächtigen Existenzgründer, der zunächst, aufgrund der unterschiedlichen Besteuerung, mit steuerlichen Vorteilen spekuliert, können in anderer Hinsicht Nachteile entstehen.

Eine pauschal-ideale Rechtsform gibt es nicht. Bevor Sie sich für eine Unternehmens- bzw. Rechtsform entscheiden, beantworten Sie sich zunächst einmal die von der Deutschen Bank entwickelten Fragen der Tabelle 2.1 (siehe Seite 42).

Die Abwägung der Vor- und Nachteile und die Entscheidung, welche Gesichtspunkte im Einzelfall für die erfolgreiche Unternehmensgründung vorrangig sind, bleibt als eine der ersten und zweifelsohne wichtigsten Entscheidung dem Existenzgründer vorbehalten. Da die Entscheidung über die Rechtsform Ihres Unternehmens mehr als nur eine Formsache ist, holen Sie sich vorher den Rat der Kammern ein. Klären Sie mit Ihren Ratgebern die Grundsatzfragen, die wir für Sie in der Tabelle 2.2 (siehe Seite 43) aufgelistet haben.

Bei der Entscheidungsfindung sollen Ihnen die folgenden Ausführungen helfen.

2.1. Natürliche und juristische Personen

Für die nähere Erläuterung der einzelnen Unternehmensformen ist es erforderlich, vorab einige grundlegende Begriffe zu klären. Die notwendigen gesetzlichen Vorschriften werden durch das Bürgerliche Gesetzbuch (BGB) und das Handelsgesetzbuch (HGB) bestimmt. Die Begriffe natürliche und juristische Person werden in wirtschaftsrechtlichen Zusammenhängen immer wieder verwendet. Als natürliche Personen werden alle Menschen bezeichnet. Gemäß § 1 BGB

Tabelle 2.1
Auflistung der Rechtsformen für Unternehmen

Kreuzen Sie bitte an, welche Form aus Ihrer Sicht branchenüblich ist bzw. wie Ihre eigene Wahl ausfällt:

Unternehmensform	branchenüblich	eigene Wahl
Selbständiger (ohne Handelsregistereintrag)		
Einzelfirma (mit Handelsregistereintrag)		
Gesellschaft bürgerlichen Rechts		
Offene Handelsgesellschaft		
Kommanditgesellschaft		
Gesellschaft mit beschränkter Haftung		
GmbH & Co. KG		
Aktiengesellschaft		
Genossenschaft		
Sonstige		

Tabelle 2.2
Fragen zur Entscheidungsfindung
über Ihre Unternehmensform

Kreuzen Sie die entsprechenden Positionen an:

Position	sehr wichtig	wichtig	weniger wichtig	un-wichtig
1. Haftung				
2. Risiko				
3. Gewinnverteilung				
4. Leitungsbefugnis				
5. Finanzierung				
6. Kreditbasis				
7. Aufwendungen für die Rechtsform				
8. Aussehen der Rechtsform				
9. Steuerliche Belastungen				
10. Sonstiges				

beginnt die Rechtsfähigkeit, also die Fähigkeit, Träger von Rechten und Pflichten zu sein, mit der Vollendung der Geburt. So kann durchaus ein Säugling aufgrund einer Erbschaft Eigentümer von Sachen und Gläubiger von Forderungen sein. Als Rechte im Sinne der Rechtsvorschriften kann man unter anderem den Erbanspruch, das Recht auf Leben, die freie Entfaltung der Persönlichkeit und als Pflichten den Schulbesuch, die Wehrpflicht und die Zahlung von Steuern ansehen. Die Rechtsfähigkeit endet mit dem Tod.
Der Unterschied zwischen natürlichen und juristischen Personen liegt hauptsächlich darin, daß es sich bei juristischen Personen um Personengemeinschaften oder Sacheinrich-

tungen handelt. Die Personengemeinschaften besitzen eine eigene Rechtsfähigkeit. Sämtliche Handlungen werden durch Organe vollzogen, die das Gesetz oder die entsprechende Satzung vorschreiben. Rechtsfähig werden juristische Personen durch die Registereintragung (zum Beispiel in das Handelsregister), durch Gesetz oder per Verwaltungsakt. Unterschieden wird zwischen juristischen Personen des öffentlichen und des privaten Rechts.

Juristische Personen des öffentlichen Rechts sind Körperschaften, Anstalten und Stiftungen. Sie erhalten ihre Rechtsfähigkeit per Gesetz oder durch hoheitlichen Akt (Verleihung oder Genehmigung). Juristische Personen des privaten Rechts sind Kapitalgesellschaften, Vereine und Stiftungen.

Kapitalgesellschaften sind in erster Linie Aktiengesellschaften (AG), Gesellschaften mit beschränkter Haftung (GmbH), Genossenschaften (eG) und Kommanditgesellschaften auf Aktien (KGaA). Rechtsfähig werden die Kapitalgesellschaften mit der Eintragung in das Handelsregister bzw. in das Genossenschaftsregister. Vereine erhalten die Rechtsfähigkeit durch den Eintrag ins Vereinsregister. Im Gegensatz zu Stiftungen des öffentlichen Rechts dienen die Stiftungen des privaten Rechts (zum Beispiel die Stiftung Volkswagenwerk) nicht gemeinnützigen Zwecken. Sie erlangen ihre Rechtsfähigkeit in der Regel durch staatliche Genehmigung. Im Vordergrund des praktischen Wirtschaftslebens stehen jedoch in erster Linie die Kapitalgesellschaften, also Aktiengesellschaften und Gesellschaften mit beschränkter Haftung.

2.2. Die Einzelfirma

Die am weitesten verbreitete Unternehmensform ist die der Einzelunternehmung. Sie ist die zunächst billigste, einfachste und auch unkonventionellste Unternehmensform. Besonders häufig wird diese Betriebsform bei kleinen und mittelgroßen Betrieben angetroffen. Die Einzelunternehmung ist dadurch charakterisiert, daß der Einzelunternehmer alleiniger Eigentü-

mer des Geschäftsvermögens ist, daß er allein das Unternehmenskapital aufbringt, den Gewinn erhält bzw. den Verlust trägt, daß ihm das Recht der Geschäftsführung obliegt und er unbeschränkt für Verpflichtungen haftet – nicht nur mit dem Betriebs-, sondern auch mit dem gesamten Privatvermögen. Anfangs beginnt der Einzelunternehmer häufig als Kleingewerbetreibender, bis sein Geschäft zu einem vollkaufmännischen Gewerbe aufblüht.
Dies bringt dann eine Pflicht mit sich, die dem Kleingewerbetreibenden erspart bleibt: die Eintragung in das Handelsregister. Voraussetzung hierfür ist, daß das Unternehmen nach Art und Umfang einen in kaufmännischer Weise eingerichteten Geschäftsbetrieb erfordert. Obgleich dann wesentliche Konsequenzen zu beachten sind (u. a. doppelte Buchführung und Aufstellung einer Bilanz), bietet die Eintragung auch nicht zu unterschätzende Vorteile. Dazu gehört das Ansehen eines Vollkaufmannes im Geschäftsleben und das Recht, eine Firma als Unternehmensnamen zu führen (z. B. Biobrot-Bäckerei Volker Vollkorn).
Die Vorteile des Einzelunternehmens liegen im einfachen Gründungsvorgang (keine Gründungsformalitäten erforderlich), der alleinigen Entscheidungsgewalt, der raschen Entscheidungsfindung und der hohen Flexibilität. Sehr positiv ist ebenfalls, daß der Gewinn, sofern er erzielt wird, ungeteilt in die Tasche des Einzelunternehmers fließt.
Nachteile stellen das alleinige Risiko, die Haftung mit dem Privatvermögen, die alleinige Finanzierungslast und die schmale Kreditbasis dar. Die begrenzte Haftungsgrundlage, die relativ geringe Kapitalkraft und gerade die daraus resultierende schmale Kreditbasis sind es dann auch, die viele Einzelunternehmungen oftmals an die Grenzen ihrer Entfaltungsmöglichkeiten stoßen lassen. Häufig sind es diese wirtschaftlichen Folgen, die die Einzelunternehmer zur Bildung von Gesellschaften motivieren.

2.3. Die Gesellschaft bürgerlichen Rechts (GbR)

Durch ihren begrenzten Betriebsumfang sind Unternehmen oftmals nicht in der Lage, bestimmte Ziele selbständig zu erreichen. Sie schließen sich dann zur Durchführung von Projekten mit anderen Unternehmen zusammen. Im Bankenbereich (juristische Personen) ist dies häufig bei Emissionsgeschäften der Fall. Um gemeinsam neue Aktien einer Aktiengesellschaft auf den Markt zu bringen, finden sich mehrere Kreditinstitute zu einem Konsortium zusammen. Auch Praxisgemeinschaften freier Berufe (Ärzte, Anwälte etc.), also natürliche Personen, und Arbeitsgemeinschaften des Baugewerbes (um große Bauvorhaben durchzuführen) organisieren sich in dieser Form. Die Gesellschaft bürgerlichen Rechts ist keine Handelsgesellschaft, denn sie unterliegt den Vorschriften des BGB und nicht denen des HGB. Sie ist juristisch gesehen eine nicht rechtsfähige Personenvereinigung und kann in der beschriebenen Weise, von natürlichen oder juristischen Personen für gewerbliche oder nichtgewerbliche Zwecke, gegründet werden. Die entsprechenden gesetzlichen Bestimmungen liefern die §§ 705 ff. BGB. Eine Eintragung in das Handelsregister findet nicht statt und die Gesellschaftsgründung erfordert keine Formalitäten. Sie kann sogar mündlich erfolgen.

Die Zahl der Gesellschafter ist unbegrenzt. Die Geschäftsführung und Vertretung finden grundsätzlich gemeinsam statt, eine abweichende Regelung kann durch einen Gesellschaftsvertrag festgelegt werden, der die Beziehungen der Gesellschafter zueinander regelt. Das Vermögen der BGB-Gesellschaft ist gemeinschaftliches Vermögen der Gesellschafter (sogenanntes Eigentum zur gesamten Hand). Für Verbindlichkeiten haften die Gesellschafter unbeschränkt und gesamtschuldnerisch – die Regelung von Gewinn und Verlust wird im Gesellschaftsvertrag vollzogen. Die Gesellschaft wird aufgelöst, wenn der vereinbarte Zweck oder der vereinbarte

Zeitpunkt erreicht ist, aber auch bei Tod, Konkurs oder Kündigung eines Gesellschafters.
Die Vorteile der BGB-Gesellschaft liegen somit in der relativ unkomplizierten Form, die einen breiten Rahmen für vertragliche Gestaltung läßt. Auch ist der Anwendungsbereich sehr vielfältig, besonders für Freiberufler.
Der Nachteil ist die volle und unbeschränkte Gesamthaftung der Gesellschafter.

2.4. Die Offene Handelsgesellschaft (OHG)

Die Unternehmensform der Offenen Handelsgesellschaft können Sie wählen, wenn Sie sich mit mehreren Partnern zum Betrieb eines Handelsgewerbes unter gemeinsamer Firma zusammenschließen. Den rechtlichen Rahmen bestimmen die §§ 105 ff. des HGB. Diese Rechtsform ist keine Organisationsform für Kleingewerbetreibende und freiberuflich Tätige. Sie wird von Vollkaufleuten genutzt. Die Eintragung in das Handelsregister ist zwingend notwendig. Die Rechte der einzelnen Gesellschafter sind die Einzelgeschäftsführungsbefugnis für jeden Gesellschafter bei Handlungen des gewöhnlichen Geschäftsbetriebes (sonst - zum Beispiel bei Grundstückskäufen oder Prokuraerteilung - ist die Zustimmung aller Gesellschafter erforderlich), die Einzelvertretungsbefugnis für gewöhnliche sowie außergewöhnliche Geschäfte (auch bei Veräußerung oder Belastung von Grundstücken), der Gewinnanteil, Privatentnahmen (bis zu 4 Prozent der Kapitaleinlage des Gesellschafters pro Geschäftsjahr), die Kündigung und die Kontrolle des Geschäftsbetriebes (Recht auf Büchereinsicht etc.).
Die Pflichten sind die Einbringung einer Kapitaleinlage (entweder die im Gesellschaftsvertrag vereinbarte oder jeweils gleich hohe Einlage in bar oder Sachwerten), die Geschäftsführungspflicht nach §114 HGB, die unbeschränkte (Geschäfts- und Privatvermögen), unmittelbare (direkte) und solidarische (gesamte Schulden der Gesellschaft) Haftung, die Verlustbe-

teiligung (Verluste der OHG werden nach der Kopfzahl aufgeteilt) und die Einhaltung des Wettbewerbsverbotes (ohne Zustimmung der anderen darf ein Gesellschafter nicht Geschäfte im gleichen Handelszweig tätigen oder sich als persönlich haftender Gesellschafter an einer anderen Gesellschaft beteiligen).

Die OHG wird u. a. nach Ablauf der vereinbarten Zeit, nach entsprechendem Gesellschafterbeschluß, bei Konkurs der Gesellschaft und durch gerichtliche Entscheidung gemäß § 131 HGB aufgelöst. Bei Banken und Geschäftspartnern steht die OHG wegen der vollen Haftung der Gesellschafter natürlich in höherem Kredit als Firmen, deren Haftung beschränkt ist. Bedingt durch die alleinige Vertretungsberechtigung und Geschäftsführerfunktion der Gesellschafter sollte auf Vertrauenswürdigkeit und Zuverlässigkeit der Partner geachtet werden. Im erforderlichen Gesellschaftsvertrag müssen klare Regelungen getroffen werden. Wegen des großen Vertrauens, auf dem die Zusammenarbeit bei der OHG beruht, wird in diesem Zusammenhang oft der Begriff der "Kaufmannsehe" benutzt.

Die Vorteile der OHG sind somit die sehr flexible Ausgestaltungsmöglichkeit des Gesellschaftsvertrages, das hohe Ansehen im Geschäftsverkehr, das hohe Maß an Kreditwürdigkeit und die steuerlichen Vorteile, denn die OHG unterliegt weder der Vermögen- noch der Einkommen- oder Körperschaftsteuer.

Die Nachteile liegen bei der persönlichen Haftung der Gesellschafter und dem hohen Maß an Mitverantwortung.

2.5. Die Kommanditgesellschaft (KG)

Unter einer Kommanditgesellschaft ist der Zusammenschluß mehrerer Partner zu verstehen, die ein Handelsgewerbe unter gemeinsamer Firma betreiben. Der wesentliche Unterschied zu den bisher beschriebenen Rechtsformen besteht darin, daß das Haftungsrisiko unterschiedlich auf die Beteiligten

verteilt wird, das heißt, daß mindestens ein Gesellschafter unbeschränkt für die Verbindlichkeiten der Gesellschaft haftet und einer oder mehrere Gesellschafter nur bis zur Höhe ihres Kapitalanteils. Für die voll haftenden Gesellschafter, die Komplementäre, gelten die gleichen Bestimmungen wie für die OHG- Gesellschafter.
Die teilhaftenden Gesellschafter der KG sind Kommanditisten, die nur mit ihrer Kapitaleinlage haften. Geschäftsführer und Vertreter der KG ist nur der Komplementär. Die Kommanditisten sind nach den §§ 164 HGB von der Geschäftsführung ausgeschlossen. Allerdings verfügt der Kommanditist über ein begrenztes Kontrollrecht, indem er eine Abschrift der jährlichen Bilanz verlangen und deren Richtigkeit unter Einsicht der Bücher und Papiere prüfen kann (§ 166 HGB). Zudem kann der Kommanditist bei bestimmten Geschäften widersprechen (zum Beispiel Verkauf des Unternehmens).
Die Gewinnverteilung bei der KG ähnelt der Verteilung bei der OHG insoweit, als jeder Gesellschafter zunächst einen Anspruch auf 4 Prozent seiner Kapitaleinlage hat. Der restliche Gewinn wird allerdings nicht nach der Kopfzahl, sondern in einem angemessenen Verhältnis verteilt, wobei das Risiko und die Arbeitsleistung des Komplementärs Berücksichtigung finden müssen. Abweichungen müssen durch den Gesellschaftsvertrag geregelt werden. Für eine Auflösung der KG gelten die entsprechenden Bestimmungen wie bei der OHG, mit der Ausnahme, daß der Tod eines Kommanditisten nicht die Auflösung der KG zur Folge hat. Durch die Gründung eines Unternehmens in der Form einer KG ist es Unternehmern möglich, eine erhebliche Kapitalgrundlage zu schaffen, ohne in ihren Rechten und Befugnissen wesentlich eingeschränkt zu werden. Das von Kommanditisten eingebrachte Kapital ist für den Unternehmer zumeist auch billiger als ein Bankkredit, und nur bei Gewinnerzielung muß er entsprechende Beträge ausschütten. Die Kreditwürdigkeit von Kommanditgesellschaften wird im allgemeinen als gut bewertet, wobei die Kapitalbasis und die persön-

liche Bonität des Komplementärs von ausschlaggebender Bedeutung sind.
Die Vorteile dieser Unternehmensform liegen also in der breiten Kapitalbasis, der größeren Kreditwürdigkeit gegenüber Einzelunternehmen, der steuerlichen Behandlung (wie bei der OHG) und der Tatsache, daß der Existenzgründer als Komplementär die alleinige Entscheidungsbefugnis behält.
Der Nachteil ist die uneingeschränkte persönliche Haftung des Komplementärs.

2.6. Die Gesellschaft mit beschränkter Haftung (GmbH)

Die Gesellschaft mit beschränkter Haftung ist eine Handelsgesellschaft, bei der die Haftung der Gesellschafter auf ihre Kapitaleinlage beschränkt ist. Haben die Gesellschafter ihre Einlagen erbracht, können sie mit ihrem Privatvermögen nicht für Verbindlichkeiten der GmbH in Anspruch genommen werden. Dies hat zur Folge, daß Kreditgeber bei der Vergabe von Darlehen auf der Absicherung durch private Sicherheiten bestehen. Zur Gründung einer GmbH ist ein Mindestkapital von 50.000,– DM erforderlich, von dem mindestens 50 Prozent sofort eingezahlt werden müssen. Außerdem müssen eine Satzung und ein Sachgründungsbericht erstellt werden. Zudem muß die GmbH in das Handelsregister eingetragen werden. Der Aufbau der GmbH strukturiert sich in mindestens zwei Organe. Die Geschäftsführung als erstes Organ leitet die GmbH. Sie wird zuvor vom zweiten Organ, der Gesellschafterversammlung, bestellt. Die Gesellschafterversammlung ist u.a. zuständig für die Bestellung und Abberufung von Geschäftsführern, die Feststellung der Bilanz und die Verteilung des Reingewinns. Die Gesellschafter erhalten je 100,– DM Geschäftsanteil eine Stimme. Geschäftsführung und Vertretung liegen bei einem oder mehreren Geschäftsführern. Sie werden ohne zeitliche Begrenzung bestellt. Ab 500 Beschäftigten ist ein Aufsichtsrat als drittes Organ zwingend vorge-

schrieben. Seine Aufgaben sind zum Beispiel die Prüfung des Jahresabschlusses, die Einsichtnahme in die Bücher der GmbH und die Prüfung der Vermögenswerte. Zur Gründung einer GmbH ist ein detaillierter Gesellschaftsvertrag erforderlich, der möglichst die Einzelheiten der Geschäftsleitung und Befugnisse, sowie das Gehalt und die Gewinnverteilung fixiert. Die Gesellschafter haften grundsätzlich nur mit ihrer Stammeinlage. Durch entsprechende Regelungen im Gesellschaftsvertrag kann jedoch eine Nachschußpflicht vereinbart werden. Aufgelöst wird die GmbH unter anderem durch Gesellschafterbeschluß, nach Ablauf der verabredeten Dauer, durch Konkurseröffnung oder gerichtliches Urteil.
Eine andere Spielart der GmbH ist die Ein-Mann-GmbH. Hier werden die Vorteile eines Einzelunternehmens mit den Haftungsbeschränkungen der GmbH vereint. Durch notarielle Beurkundung kann die Einzelunternehmung in eine GmbH umgewandelt werden. Der einzelne Unternehmer übt die uneingeschränkte Entscheidungsgewalt aus. Zum einen findet eine Haftung nur bis zur Höhe des Gesellschaftsvermögens statt, zum anderen bleibt die alleinige Entscheidungsbefugnis erhalten. Unvorteilhaft wirken sich unter Umständen die Beschaffung des vorgeschriebenen Mindestkapitals, die eingeschränkte Kreditwürdigkeit und die doppelte Belastung bei der Vermögensteuer und bei der Gesellschaftsteuer aus.
Vorteile sind die Haftungsbeschränkung in Höhe des Gesellschaftsvermögens. Vertragliche Regelungen ermöglichen eindeutige Entscheidungsbefugnisse. Sie können Vertrauenspersonen zum gesetzlichen Vertreter bestellen. Der Gesellschafter-Geschäftsführer gilt steuerlich als Arbeitnehmer.
Nachteile sind das vorgeschriebene Mindestkapital, die komplizierten und kostenträchtigen Gründungsformalitäten, die doppelte Belastung bei der Vermögensteuer und bei der Gesellschaftsteuer auf das Stammkapital.

2.7. Die GmbH & Co. KG

Die GmbH & Co. KG ist eine Kommanditgesellschaft, bei der als Komplementär (Vollhafter) eine GmbH auftritt. Juristisch gesehen gilt die Unternehmung als Personengesellschaft, jedoch entfällt die unbeschränkte Haftung der Gesellschafter. Die Gesellschafteranteile an der GmbH sowie die Höhe und Zahl der Kommanditeinlagen in der KG können flexibel gestaltet bzw. aufgeteilt werden. Dem entsprechenden Kapitalaufwand, dem Know-how, sowie dem persönlichen Einsatz der Gesellschafter kann somit besser Rechnung getragen werden. Die Gesellschafter der GmbH sind zumeist auch die Kommanditisten der KG, hierdurch läßt sich die persönliche Haftung der Beteiligten auf ein überschaubares Maß reduzieren.

Die Vorteile liegen in der Beherrschung eines oder mehrerer Unternehmer über das Unternehmen ohne unbeschränkte Haftung, bei den flexiblen Ausgestaltungsmöglichkeiten, in der Möglichkeit des Fortbestehens der Unternehmung bei Tod des Geschäftsführers und der relativ geringen Doppelbelastung bei der Vermögensteuer (Vermeidung der Doppelbesteuerung bei der Gesellschaft und den Anteilseignern).
Vorteile bieten die flexiblen Gestaltungsmöglichkeiten und Haftungsbeschränkungen. Bei der Vermögensteuer treten kaum Doppelbelastungen auf.

Nachteile sind in der komplizierten Gründung, dem erforderlichen GmbH-Mindestkapital und der verminderten Kreditwürdigkeit zu sehen.

2.8. Die Aktiengesellschaft (AG)

Die Aktiengesellschaft ist eine Unternehmung, deren Gesellschafter (Aktionäre) mit Einlagen auf das in Aktien zerlegte Grundkapital (gezeichnetes Kapital) beteiligt sind. Den Gläubigern haftet für die Verbindlichkeiten der Gesellschaft nur das Gesellschaftsvermögen. Eine AG wird von mindestens 5

Personen gegründet. Der Gesellschaftsvertrag wird als Satzung gerichtlich bzw. notariell beurkundet. Erforderlich ist ein Grundkapital von mindestens 100 000,– DM. Die Gesellschaft muß zudem eine Sachfirma mit dem Zusatz "Aktiengesellschaft" wählen und sich in das Handelsregister eintragen lassen. Die Organe der AG sind der Vorstand (= leitendes Organ), der Aufsichtsrat (= überwachendes Organ) und die Hauptversammlung (= beschlußfassendes Organ).
Der Vorstand leitet die Gesellschaft unter eigener Verantwortung, ohne dabei Gesellschafter sein zu müssen. Übersteigt das Grundkapital mehr als 3 Millionen DM, muß der Vorstand aus mindestens 2 Personen bestehen, Abweichungen regelt die Satzung. Die Mitglieder des Vorstandes werden vom Aufsichtsrat für 5 Jahre gewählt, eine Wiederwahl ist möglich. Zu den Pflichten des Vorstandes gehören die Geschäftsführung und Vertretung, die Sorgfaltspflicht, die regelmäßige Berichterstattung an den Aufsichtsrat, die Aufstellung des Jahresabschlusses, die Vorlage des Prüfungsberichtes und die Einberufung der Hauptversammlung. Neben den festen Bezügen (Gehalt) erhält der Vorstand zudem noch eine Gewinnbeteiligung (Tantieme).
Der Aufsichtsrat bestellt den Vorstand, überwacht dessen Geschäftsführung und kann ihn abberufen. Er besteht aus mindestens drei Mitgliedern und wird für 4 Jahre gewählt. Die Anzahl der Mitglieder ist nach der Kapitalhöhe gestaffelt. Die Hauptversammlung ist die Versammlung der Aktionäre (Eigentümer), die üblicherweise einmal jährlich stattfindet. Ihre Rechte sind u. a. die Bestellung der Aufsichtsratsmitglieder, der Beschluß über die Verwendung des Bilanzgewinns, der Beschluß über Kapitalbeschaffung oder Kapitalherabsetzung und die Entlastung des Vorstandes und des Aufsichtsrates. Beschlüsse werden durch Abstimmung gefaßt, wobei sich das Stimmrecht nach den Nennbeträgen der Aktien richtet. Die Geschäftsführung und Vertretung durch den Vorstand der AG finden gemeinschaftlich statt, soweit die Satzung keine abweichende Regelung vorsieht. Das Eigenkapital der AG

setzt sich aus dem Grundkapital (gezeichnetes Kapital), der Kapitalrücklage, den Gewinnrücklagen, dem Gewinn- bzw. Verlustvortrag und dem Jahresüberschuß bzw. Jahresfehlbetrag zusammen. Aus Gründen des Gläubigerschutzes gelten für die Aktiengesellschaft strenge Publizitäts- und Prüfungsvorschriften. Zu beachten sind auch die differenzierten Mitbestimmungsvorschriften, die ihren Ausdruck in der jeweils unterschiedlichen Zusammensetzung des Aufsichtsrates finden. Sie richten sich vor allem nach der Zahl der Beschäftigten im Unternehmen.

Vorteile bieten die klare Kompetenzverteilung, das hohe Ansehen bei Banken und Geschäftspartnern sowie die guten Möglichkeiten der Mitarbeiterbeteiligung und der Kapitalaufstockung.

Nachteile ergeben sich aus der langen Gründungsdauer und dem hohen Kapitaleinsatz.

2.9. Die stille Gesellschaft

Der Kaufmann kann an seinem Unternehmen stille Gesellschafter beteiligen, die zwar eine Kapitaleinlage leisten, nach außen jedoch nicht in Erscheinung treten. Der stille Gesellschafter hat somit eine dem KG-Kommanditisten vergleichbare Stellung inne. Kapitaleinlagen stiller Gesellschafter können unabhängig von der Rechtsform des Unternehmens aufgenommen werden, gerade auch von Einzelunternehmern.

Der stille Gesellschafter ist Gläubiger und nicht Miteigentümer der Gesellschaft. Er wird am Gewinn und Verlust beteiligt, eine Ausschließung von der Verlustbeteiligung ist vertraglich regelbar. Der stille Gesellschafter hat kein Recht auf Geschäftsführung; er kann aber die Bilanz prüfen und die Bücher einsehen. Er genießt bei Konkurs der stillen Gesellschaft den Status eines Gläubigers.

Vorteile sind die bequemen Möglichkeiten zur Erweiterung der Kapitalbasis und das Privileg alleiniger Verantwortung.

Nachteile ergeben sich daraus, daß mit der Hereinnahme des stillen Kapitals die eigene Gewinnbeteiligung prozentual in dem Verhältnis sinkt, in dem das eigene Kapital zum stillen steht. **Beispiel:** Sie halten an einer GmbH einen alleinigen Anteil von 50 000,— DM. Damit haben Sie auf den eventuellen Gewinn einen Anspruch in Höhe von 100 Prozent. Nehmen Sie jetzt weitere 50 000,— DM stilles Kapital auf, beträgt das gesamte haftende Kapital nun 100 000,— DM. An dem Gewinn sind Sie dann nur noch zur Hälfte beteiligt.

2.10 Die Genossenschaft (eG)

Sinn und Zweck der Bildung einer Genossenschaft ist die Förderung des Erwerbs oder der Wirtschaft ihrer Mitglieder durch einen gemeinschaftlichen Geschäftsbetrieb. Dies ist der Schwerpunkt der genossenschaftlichen Tätigkeit, die u. a. im § 1 des Genossenschaftsgesetzes festgelegt ist. Der historische Grundgedanke der genossenschaftlichen Organisationsform ist nicht die Erzielung eines maximalen Gewinns, sondern die wirtschaftliche Förderung ihrer Mitglieder, wobei Genossenschaften Gesellschaften mit einer nicht geschlossenen Mitgliederzahl sind.
Nach eben diesem Grundgedanken der Hilfe zur Selbsthilfe wurde 1847 die erste ländliche Genossenschaft von Raiffeisen gegründet. 1849 bildete Schultze-Delitzsch die erste gewerbliche Genossenschaft. Zur Gründung einer Genossenschaft müssen sich zunächst mindestens sieben "Genossen" zusammenfinden. Außerdem muß eine Satzung bzw. ein Statut erstellt werden. Bevor die notwendige Eintragung in das Genossenschaftsregister erfolgt, muß ein Firmenname gefunden werden. Die Firma muß eine Sachfirma mit dem Zusatz "eG" sein (zum Beispiel Landwirtschaftliche Produktionsgenossenschaft Grüne Aue Bitterfeld eG oder Volksbank Magdeburg eG). Eine Mitgliedschaft in der Genossenschaft wird durch Antrag und Anmeldung in das Genossenschaftsregister erworben.

Die Genossenschaft besitzt die drei Organe Vorstand, Aufsichtsrat und Generalversammlung. Der Vorstand wird von mindestens zwei Genossen (Mitgliedern) gebildet, die die Geschäfte führen und die Genossenschaft vertreten. Der Aufsichtsrat besteht aus mindestens drei Genossen, die den Vorstand überwachen, den Jahresabschluß prüfen und der Generalversammlung hierüber Bericht erstatten. Die Generalversammlung wiederum ist das beschlußfassende Organ der Genossenschaft. Hier werden Aufsichtsrat und Vorstand gewählt bzw. über Satzungsänderungen und den Jahresabschluß beschlossen. Jeder Genosse hat in der Generalversammlung nur eine Stimme, auch wenn er mehrere Geschäftsanteile besitzt. Besteht eine Genossenschaft aus mehr als 1500 Genossen, kann die Generalversammlung aus Vertretern der Genossen bestehen (sogenannte Vertreterversammlung). Bei mehr als 3000 Genossen ist diese Regelung nach § 43 des Genossenschaftsgesetzes sogar zwingend vorgeschrieben.
Die Kapitalstruktur der Genossenschaft unterscheidet sich insofern von der der Kapitalgesellschaften AG oder GmbH als sie kein festes Grund- oder Stammkapital besitzt. Die Genossen sind mit einem Geschäftsanteil an der Genossenschaft beteiligt, dessen Höhe durch das Statut bestimmt wird. Auf den Geschäftsanteil muß eine Mindesteinlage (= Geschäftsguthaben) geleistet werden, die mindestens 10 Prozent des Geschäftsanteils entspricht. Durch Gewinnausschüttungen wächst die Mindesteinlage bis zum vollen Geschäftsanteil.
Die eventuelle Haftung der Genossen ist meist auf den Geschäftsanteil beschränkt. Das Statut kann jedoch andere Regelungen vorsehen, so unter anderem die Haftung bis zum Geschäftsanteil, die Haftung bis zum Geschäftsanteil zuzüglich einer sogenannten Haftsumme oder die unbeschränkte Haftung mit dem Privatvermögen.
Das Genossenschaftsstatut sieht vor, daß ein Teil des Reingewinns einem Reservefonds zugeführt werden muß, der eventuelle Bilanzverluste decken soll. Der verbleibende Ge-

winn wird unter Berücksichtigung einer angemessenen Rücklagenbildung anteilig auf die Geschäftsguthaben der Genossen verteilt, bis die Geschäftsanteile voll eingezahlt sind. Ist dies der Fall, wird die Dividende den Mitgliedern ausgezahlt. Im übrigen müssen Vermögenslage und Geschäftsführung alle zwei Jahre geprüft werden. Diese Prüfung findet sogar jährlich statt, wenn die Bilanzsumme eine Million DM übersteigt. Jede Genossenschaft gehört einem Verband an, welchem durch die Bundes- oder Landesregierung ein Prüfungsrecht verliehen wurde.
Neben dem **Vorteil** der Identifikation mit dem Unternehmen (zumindest bei kleineren Genossenschaften) steht jedoch der **Nachteil** des häufig geringen Eigenkapitals im Vordergrund. Dies resultiert u. a. aus der Tatsache, daß zunächst nur ein geringer Teil des Geschäftsanteils sofort eingezahlt werden muß. Es überrascht nicht, daß die Rechtsform der "eG" bei großen Unternehmen kaum anzutreffen ist, da diese die Rechtsform der AG wählen, um so einen Zugang zum Kapitalmarkt zu haben.

ZEHN x 10

3. Unternehmensrecht

von Julius Wallot

3.1. Unternehmen und Recht in der Marktwirtschaft

Der Übergang von der Planwirtschaft zur Marktwirtschaft bringt entscheidende Änderungen des für Unternehmer maßgeblichen Rechts mit sich; in vielen Fällen werden überhaupt erst die rechtlichen Möglichkeiten dafür geschaffen, sich unternehmerisch zu betätigen.

Die Funktion des Rechts ist in Planwirtschaft und Marktwirtschaft unterschiedlich: In der zentralen Planwirtschaft wurde dem Unternehmen durch Gesetze, Verordnungen, Durchführungsbestimmungen und staatliche Wirtschaftspläne rechtlich verbindlich bis ins einzelne vorgeschrieben, wie es sich im Wirtschaftsleben zu verhalten hatte. Staatlicherseits wurde festgelegt, wieviele Arbeitskräfte ein Betrieb beschäftigen, wieviele Schrauben er produzieren und wo er sie an wen zu welchem Preis verkaufen sollte.

In der Marktwirtschaft dagegen gilt der Grundsatz der unternehmerischen Freiheit. Das Unternehmen kann seine rechtlichen Beziehungen zu Arbeitnehmern, Lieferanten und Kunden prinzipiell frei gestalten. In der sozialen Marktwirtschaft ist diese unternehmerische Freiheit jedoch zum Schutze des Gemeinwohls oder zum Schutze einzelner wirtschaftlich oder sozial Schwacher durch eine Vielzahl gesetzlicher Vorschriften eingeschränkt. Die Rolle des Staates – der Gerichte und der Behörden – beschränkt sich in der sozialen Marktwirtschaft darauf, die Einhaltung dieser allgemeinen Gesetze zu überwachen, ohne den Kernbereich unternehmerischer Freiheit anzutasten. Gewisse Grundkenntnisse dieser rechtlichen Rahmenbedingungen sind für jeden, der sich unternehmerisch betätigen will, unerläßlich.

Im Hinblick auf die sich schnell vollziehende Rechtsangleichung wird im folgenden – unter Hinweis auf die zum Teil noch fortgeltenden Bestimmungen aus der früheren Gesetzeslage der DDR – das in der Bundesrepublik geltende Unternehmensrecht im Überblick dargestellt. Hierbei ist zu unterschei-

den zwischen Vorschriften des öffentlichen Rechts, die darüber bestimmen, ob und in welcher Form die unternehmerische Betätigung von staatlicher Seite aus erlaubt ist, und den Bestimmungen des Privatrechts, die die Beziehungen der Unternehmen untereinander sowie zwischen Unternehmern und privaten Verbrauchern regeln. Die in den Abschnitten 3.2. bis 3.4. geschilderten Rechtsgebiete gehören im wesentlichen zum öffentlichen Recht, die in den Abschnitten 3.5. bis 3.8. zum Privatrecht.
In den Abschnitten 3.9. und 3.10. werden schließlich diejenigen Vorschriften erläutert, die in der jetzigen Übergangsphase für die Neugründung sowie für die Umwandlung und Privatisierung von Unternehmen in der ehemaligen DDR maßgeblich sind.

3.2. Beginn und Ausübung unternehmerischer Tätigkeit

Das grundlegende Gesetz im Bereich des öffentlichen Unternehmensrechts ist die Gewerbeordnung. Sie gilt für jede Ausübung eines Gewerbes; hierunter versteht man eine selbständige, erlaubte, planmäßige wirtschaftliche Betätigung mit der Absicht, Gewinn zu erzielen. Nicht unter den Begriff des Gewerbes und damit nicht in den Anwendungsbereich der Gewerbeordnung fallen jedoch Land- und Forstwirtschaft sowie die sogenannten Freien Berufe (siehe hierzu Abschnitt 3.4.).
Eine Übersicht über das Gewerberecht entnehmen Sie bitte der Tabelle 3.1 (siehe Seiten 62 – 64).
Entsprechend dem in § 1 der Gewerbeordnung niedergelegten Grundsatz der Gewerbefreiheit ist der Betrieb eines Gewerbes prinzipiell jedermann gestattet. Erforderlich ist keine staatliche Genehmigung, sondern lediglich eine Anmeldung des Gewerbes bei der örtlich zuständigen Gewerbebehörde.

Tabelle 3.1
Übersicht über das Gewerberecht

Branche	Nachweis	Zulassung	Besonderes
1. Handwerk	Meisterprüfung oder Ausnahmegenehmigung	Eintragung in die Handwerksrolle	Rücksprache mit der Handwerkskammer wegen der Abgrenzung, z. B. Industrie
2. Handwerkähnliches Gewerbe		Genehmigung beim Gewerbeamt	Rücksprache mit der Handwerkskammer
3. Gaststätten (auch Imbißstuben, Kantinen, Trinkhallen)	Polizeiliches Führungszeugnis. Teilnahme an Kursen über Lebensmittel- und Hygienerecht, die Räume müssen bestimmten Auflagen entsprechen	Konzession beim Gewerbeamt	Die Konzession ist an die Person und die Räume gebunden
4. Verkehrsgewerbe, Taxi- und Mietwagengewerbe	Tätigkeitnachweis im Straßenpersonenverkehr oder Prüfung bei der Industrie- und Handelskammer	Genehmigung beim Gewerbeamt	Für die Ausübung des Gewerbes als Taxifahrer ist zusätzlich ein Personenbeförderungsschein Voraussetzung

5. Güternah- und -fernverkehr	Tätigkeitsnachweis von mindestens 3 Jahren in leitender Stellung in diesem Gewerbe oder Prüfung bei der Industrie- und Handelskammer	Genehmigung beim Gewerbeamt bzw. Landratsamt	Für den Güterfernverkehr besteht kein Rechtsanspruch auf Erteilung der Konzession
6. Bankier, Kredit- o. Versicherungsunternehmer	Nachweis der persönlichen und wirtschaftlichen Zuverlässigkeit	Erlaubnis beim Gewerbeamt	Sicherheitsnachweis für verwaltete Gelder
7. Freiberufler, z. B. Ärzte, Rechtsanwälte, Steuerberater, Architekten	-	Berufskammern	Unterliegen zwar nicht dem Gewerberecht, benötigen aber z. T. behördliche Genehmigungen für die Berufsausübung
8. Industriebetriebe	-	Anmeldung bei der Industrie- und Handelskammer und beim Gewerbeamt	Die Errichtung von Anlagen, deren Betrieb mit Auswirkungen auf die Umwelt verbunden ist, bedarf einer besonderen Genehmigung nach dem Bundes-Immissionsschutzgesetz

Tabelle 3.1
Übersicht über das Gewerberecht

Branche	Nachweis	Zulassung	Besonderes
9. Handel	-	Anmeldung beim Gewerbeamt und bei der Industrie- und Handelskammer	Für den Handel mit Waffen, unedlen Metallen und Milch benötigen Sie grundsätzlich eine behördliche Erlaubnis
10. Dienstleistungen	-	Anmeldung beim Gewerbeamt	Besondere Voraussetzungen müssen Sie auch als Versteigerer, im Bewachungsgewerbe, für den Spielhallen- und Automatenbetrieb oder für die Gründung einer Fahrschule mitbringen

Die Gewerbeordnung sowie andere Gesetze sehen jedoch aus Gründen der öffentlichen Gesundheit und Sicherheit sowie des Gemeinwohls zahlreiche Ausnahmen vom Prinzip der Gewerbefreiheit vor und beschränken vor allem die Gewerbeausübung. So bedarf nach der Gewerbeordnung etwa der Betrieb von Privatkrankenhäusern, Spielhallen, Bewachungsunternehmen oder eines Maklerbüros der vorherigen behördlichen Erlaubnis. Gleiches gilt nach dem Gaststättengesetz für den Betrieb einer Gaststätte. Wer ein Reisegewerbe betreibt (fahrende Händler, reisende Vertreter), benötigt stets eine Erlaubnis in Form einer Reisegewerbekarte. Diese Erlaubnispflichten haben ihren Grund darin, daß in solchen Fällen bestimmte Anforderungen an die Ausbildung, Befähigung und Zuverlässigkeit des angehenden Unternehmers gestellt werden müssen.
Die Zuverlässigkeit ist überhaupt ein zentraler Begriff des gesamten Gewerberechts. Der Betrieb eines an sich erlaubnisfreien Gewerbes kann wegen Unzuverlässigkeit des Gewerbetreibenden untersagt werden. Solche Unzuverlässigkeit liegt zum Beispiel vor, wenn der Unternehmer seiner Steuerpflicht nicht nachkommt, keine Sozialversicherungsabgaben für seine Arbeitnehmer abführt oder beim Betrieb seines Gewerbes gegen Strafgesetze bzw. sonstige Rechtsvorschriften verstößt.
Eine Sonderstellung unter den Gewerbetreibenden nehmen die Handwerker ein, für die neben der Gewerbeordnung die Sondervorschriften der Handwerksordnung gelten. Hiernach dürfen nur die in die Handwerksrolle eingetragenen Personen selbständig ein Handwerk betreiben. Die Eintragung in die Handwerksrolle setzt im Regelfall eine Meisterprüfung in dem entsprechenden Handwerk voraus; nur ausnahmsweise genügt eine ähnliche Qualifikation. Welche Berufe als Handwerksberufe gelten, ist in der Anlage zur Handwerksordnung geregelt.
Trotz Gewerbefreiheit kann also nicht jeder das tun, was er will. Prinzipiell genügt ja die Anmeldung beim Gewerbeamt.

Für eine Vielzahl von Tätigkeiten benötigen Sie jedoch eine Erlaubnis oder müssen bestimmte Auflagen beachten. Die Aufnahme Ihrer Tätigkeit zeigen Sie beim Gewerbeamt an; das gilt auch für Betriebsverlegungen und Erweiterungen Ihrer bisherigen Tätigkeit. Eine Auflistung der abzuarbeitenden Tätigkeiten finden Sie in der Tabelle 3.2.

Neben den genannten Vorschriften, die regeln, wer ein

Tabelle 3.2

"Checkliste": Aufnahme unternehmerischer Tätigkeit

Kreuzen Sie bitte die entsprechenden Positionen an:

Position	nicht erforderlich	in Vorbereitung	Kontakt hergestellt	erledigt
1. Industrie- und Handelskammer				
2. Handwerkskammer				
3. Gewerbeanmeldung (Gewerbeamt)				
4. Erlaubnis zur Ausübung Ihres Gewerbes (z. B. bei Lebensmitteln, Gaststätten etc.)				
5. Handelsregistereintragung (Amtsgericht)				
6. Klärung der Überwachungsbedürftigkeit (Gewerbeaufsichtsamt)				
7. Berufsgenossenschaft				
8. Arbeitsamt				
9. Finanzamt				
10. Krankenkasse(n)				

Gewerbe betreiben darf, gibt es zahlreiche Gesetze, die das "Wie" der Gewerbeausübung regeln und beschränken. Nachfolgend können nur einige wenige Beispiele gegeben werden: Unter den Umweltschutzvorschriften hat die größte Bedeutung das Bundesimmissionsschutzgesetz, wonach der Betrieb bestimmter umweltgefährdender Anlagen von einer besonderen Genehmigung abhängt und wonach eine Überwachung daraufhin stattfindet, daß beim Betrieb dieser Anlagen gewisse Grenzwerte nicht überschritten werden.
Wer mit Lebensmitteln handelt, hat die umfangreiche Lebensmittelgesetzgebung zu befolgen, die u. a. die Behandlung und Lagerung von Lebensmitteln sowie die darin zugelassenen Zusatzstoffe regelt.
Dem Verbraucherschutz dienen Vorschriften wie die Preisangabenverordnung oder das Gesetz gegen den unlauteren Wettbewerb, wonach irreführende Werbung und andere unlautere Wettbewerbsmethoden verboten sind.
Hauptsächlich für größere Unternehmen ist das im Gesetz gegen Wettbewerbsbeschränkungen geregelte Kartellrecht von Bedeutung, das etwa Preisabsprachen zwischen Unternehmen für unwirksam erklärt und die Kartellbehörden ermächtigt, bestimmte Unternehmenszusammenschlüsse zu untersagen.
Das Gesetz gegen Wettbewerbsbeschränkung ist bereits mit Inkrafttreten der Währungsunion in die ehemalige DDR übernommen worden. Mit dem 3. Oktober 1990 gilt das Bundesimmisionsschutzgesetz auch in den neuen Bundesländern, wobei der § 10 ergänzt wurde und jeweils ein § 10a und ein § 67a eingefügt wurden. Hier werden Übergangsvorschriften für genehmigungsbedürftige Anlagen, die vor dem 1. Juli 1990 errichtet worden sind, geschaffen.

3.3. Sondervorschriften für Kaufleute

Für Gewerbetreibende, die Kaufleute im Sinne des Handelsgesetzbuches (HGB) sind, sieht das HGB bestimmte Sondervorschriften, insbesondere über den Firmennamen und die Buchführung vor. Der juristische Begriff des Kaufmanns deckt sich dabei nicht mit dem des Alltagssprachgebrauchs: Kaufmann im Sinne des HGB ist nicht nur, wer Waren anschafft und weiterveräußert, sondern u. a. auch, wer fabrikmäßig Waren be- oder verarbeitet, Geschäfte als Kommissionär, Spediteur oder Lagerhalter betreibt oder selbständiger Handelsvertreter ist. Unabhängig von seiner Tätigkeit ist jeder Gewerbetreibende dann Kaufmann, wenn sein Gewerbe nach Art und Umfang einen kaufmännisch eingerichteten Geschäftsbetrieb erfordert.

Unter den Voraussetzungen, unter denen ein einzelner Gewerbetreibender Kaufmann ist, wird eine Personengesellschaft zur Handelsgesellschaft, das heißt, es handelt sich dann um eine OHG oder KG (siehe hierzu Kapitel 2). Die Kapitalgesellschaften (GmbH und AG) gelten immer – ohne Rücksicht auf ihre Tätigkeit oder Größe – als Handelsgesellschaften.

Kaufmann und Handelsgesellschaft führen eine Firma; dies ist der Name, unter dem sie Geschäfte betreiben. Beim Einzelkaufmann ist die Firma aus dessen Namen zu bilden, bei einer OHG oder KG aus dem Namen eines persönlich haftenden Gesellschafters mit einem Zusatz wie "... & Co.", "... & Partner", "... & Sohn" etc., der das Vorhandensein einer Gesellschaft andeutet.

Firma und Ort der Niederlassung müssen zum Handelsregister beim örtlich zuständigen Registergericht angemeldet werden.

In den Ländern der ehemaligen DDR wird das Handels- und Genossenschaftsregister von den Kreisgerichten, in deren Bezirk das Bezirksgericht seinen Sitz hat, für das Gebiet des Bezirksgerichtes geführt.

Bei den Personengesellschaften sind auch die Namen der Gesellschafter, bei Kapitalgesellschaften die Höhe des Stamm- bzw. Grundkapitals und die Namen der Geschäftsführer bzw. Vorstandsmitglieder zum Register anzumelden.

Besonders wichtig sind die Vorschriften des Dritten Buches des HGB über die Buchführungspflichten für Kaufleute. Hiernach ist jeder Kaufmann verpflichtet, Bücher zu führen und in diesen seine Handelsgeschäfte und die Lage seines Vermögens nach den Grundsätzen ordnungsgemäßer Buchführung ersichtlich zu machen. Zu Beginn seines Handelsgewerbes und zum Schluß eines jeden Geschäftsjahres hat der Kaufmann ein Inventar (Verzeichnis seiner Vermögensgegenstände) sowie eine Bilanz (Gegenüberstellung von Aktiva und Passiva) zu erstellen, zum Schluß eines Geschäftsjahres zusätzlich noch eine Gewinn- und Verlustrechnung.
Für Kapitalgesellschaften enthält das HGB weitere, strengere Buchführungsvorschriften, wobei für kleine Kapitalgesellschaften wiederum Erleichterungen vorgesehen sind.

3.4. Sondervorschriften für freie Berufe

Die Bezeichnung “freie Berufe” hatte ursprünglich ausschließlich soziologische Bedeutung. Heute wird sie jedoch auch als Rechtsbegriff gebraucht.
Der § 18, Abs. 1, Nr. 1 des Einkommensteuergesetzes zählt die freien Berufe auf, wobei die dortige Aufzählung nicht abschließend ist. Freiberuflich Tätige sind zum Beispiel die Ärzte, Architekten, Rechtsanwälte, Dolmetscher und Steuerberater.
Der in einem freien Beruf Tätige übt diesen leitend und eigenverantwortlich aus. Dabei ist er (wirtschaftlich) unabhängig und in der Regel akademisch ausgebildet.
Die Möglichkeit, einen freien Beruf zu ergreifen, ist vom Grundgesetz in Artikel 12 garantiert. Jedoch sind aufgrund des notwendigen Schutzes der Allgemeinheit oftmals Berufszugangsvoraussetzungen gegeben. Diese “Zulassung” zum freien Beruf erfolgt gewöhnlich durch dafür vom Gesetzgeber ermächtigte staatliche bzw. quasi-staatliche Stellen.
Diejenigen, die einen freien Beruf ausüben, sind gewöhnlich in Kammern organisiert, die als Körperschaften des öffentlichen

Rechtes eigene Rechtspersönlichkeit besitzen. Diese Kammern sind nicht nur Standesvertretungen, sondern haben auch Aufsichtsfunktionen über die freiberuflich Tätigen, wobei sich das Berufsrecht – gerade wegen des europäischen Einigungsprozesses – in einem ständigen Wandel befindet. Im übrigen nehmen die Kammern vielfältige Interessen Ihrer Mitglieder bis hin zu sozialen Angelegenheiten wahr.
Neben den Kammern gibt es verschiedene sonstige Vereinigungen der freien Berufe (zum Beispiel Hartmann-Bund, Bund der Deutschen Architekten etc.).
Die freien Berufe sind als Teil des Mittelstandes von außerordentlicher wirtschaftlicher Bedeutung. Da ihr Tätigkeitsfeld zumeist das weite Gebiet der Dienstleistung ist, wird auch in der Zukunft davon auszugehen sein, daß hier ein "Wachstumsmarkt" vorhanden ist.

3.5. Rechtsvorschriften für Geschäfte mit Kunden

Für die privatrechtlichen Beziehungen zwischen Unternehmen und Kunden gilt in der Bundesrepublik das BGB, wobei für Schuldrechtsverhältnisse, die vor dem Wirksamwerden des Beitritts der DDR entstanden sind, das bisher geltende Recht zur Abwicklung maßgebend bleibt. Das BGB geht von dem beherrschenden Grundsatz der Vertragsfreiheit aus.
Es ist davon auszugehen, daß nach den geplanten Änderungen des ZGB die Rechtsanwendung auch in der DDR von dem das BGB beherrschenden Grundsatz der Vertragsfreiheit ausgehen wird. Nach diesem Grundsatz dürfen grundsätzlich Verträge mit jedem Inhalt geschlossen werden, sofern sie nicht gegen ein gesetzliches Verbot oder gegen die guten Sitten verstoßen.
Aufgrund der Vertragsfreiheit wäre grundsätzlich jede Vertragsgestaltung und jede vertragliche Abweichung von gesetzlichen Regelungen zu Lasten des Kunden möglich. Dies würde im Ergebnis zu einer erheblichen Benachteiligung des

Verbrauchers als dem wirtschaftlich Schwächeren führen. Um hier gegenzusteuern, gibt es sowohl im BGB als auch in anderen Gesetzen eine Vielzahl von Bestimmungen, die einen Interessenausgleich herbeiführen sollen. Hier sind insbesondere das Gesetz über die Allgemeinen Geschäftsbedingungen (AGBG), das Abzahlungsgesetz (AbzG) und das Gesetz über die Haustürgeschäfte zu nennen. Diese Gesetze wurden bereits mit dem Inkrafttreten des Staatsvertrages über die Währungs- und Wirtschaftsunion in die Länder der ehemaligen DDR übernommen.
Das AGBG richtet sich gegen Benachteiligungen des Kunden durch das sogenannte "Kleingedruckte". Es verbietet den Unternehmen, eine Vielzahl von Bestimmungen, die den Kunden benachteiligen, in vorformulierte Verträge aufzunehmen. Untersagt ist zum Beispiel der Ausschluß der Gewährleistungsrechte des Käufers bei Mängeln der Kaufsache oder die Beschränkung dieser Rechte auf bloße Nachbesserung. Das Abzahlungsgesetz enthält Schutzvorschriften für den Kunden bei Ratengeschäften und gibt diesem u. a. das Recht, ein solches Geschäft binnen einer Woche ohne Angabe von Gründen zu widerrufen. Das gleiche Recht steht dem Kunden nach dem Gesetz über Haustürgeschäfte für an der Haustür abgeschlossene Geschäfte zu.

3.6. Rechtsvorschriften für Geschäfte mit anderen Unternehmen

Für die Rechtsgeschäfte der volkseigenen Betriebe untereinander galt in der DDR bisher mit dem Vertragsgesetz eine völlig andere Regelung als im Verhältnis zwischen Betrieb und Kunden (ZGB).
Das Rechtssystem der Bundesrepublik geht dagegen von der Einheit des Privatrechts aus, wonach auch für die Rechtsbeziehungen zwischen Unternehmen grundsätzlich das BGB gilt. Das Handelsgesetzbuch (HGB) enthält jedoch einige Sondervorschriften für Rechtsgeschäfte unter Beteiligung

von Kaufleuten (siehe hierzu Abschnitt 3.3.). Das sind die sogenannten Handelsgeschäfte. Hiernach verliert zum Beispiel der Partner eines beiderseitigen Handelsgeschäfts seine Gewährleistungsrechte, wenn er die Ware nach Erhalt nicht untersucht und einen Mangel nicht unverzüglich rügt.
Von den unter 3.5. genannten Verbraucherschutzvorschriften sind das Abzahlungsgesetz und das Gesetz über Haustürgeschäfte überhaupt nicht, das AGBG nur sehr eingeschränkt auf Verträge zwischen Unternehmen anwendbar.
Für Verträge zwischen Unternehmen besteht eine noch weitergehende Vertragsfreiheit als zwischen Unternehmen und Kunden. Nur im Bereich der Daseinsvorsorge kennt man einen Abschlußzwang (zum Beispiel bei der Stromlieferung). Wer mit anderen Unternehmen Verträge (Lieferverträge, Know-how-Verträge, Mietverträge, etc.) abschließt, wird regelmäßig längerfristige Vertragsbeziehungen im Auge haben.

3.7. Individuelles Arbeitsrecht

Unter Individualarbeitsrecht versteht man die Rechtsbeziehungen, die zwischen dem Arbeitnehmer und dem Arbeitgeber bestehen. Diese werden vor allen Dingen durch den Arbeitsvertrag ausgestaltet. Dieser Arbeitsvertrag unterliegt nur eingeschränkt der vollständigen Gestaltungsfreiheit der Parteien. Gesetzliche Vorschriften vielfältigster Art geben Rahmenbedingungen, die als Mindestarbeitsbedingungen anzusehen sind.
Aber auch die Vereinbarungen zwischen Tarifvertragsparteien haben oftmals Auswirkungen auf das einzelne Arbeitsverhältnis, sofern Arbeitgeber und Arbeitnehmer den Tarifvertragsparteien angehören oder einen Tarifvertrag im Arbeitsvertrag für anwendbar erklären. Darüber hinaus können Bestimmungen eines Tarifvertrages auf das einzelne Arbeitsverhältnis dann zur Anwendung kommen, wenn der Tarifvertrag für allgemeinverbindlich erklärt wird.
Besonderheiten ergeben sich bei der Beschäftigung Schwer-

behinderter nach dem Schwerbehindertengesetz und bei der Beschäftigung von werdenden Müttern.
Während des Bestehens des Arbeitsverhältnisses sind die Vorschriften über die Urlaubsgewährung und die Vorschriften über die Lohnfortzahlung im Krankheitsfall zu beachten.
Darüber hinaus ist das Arbeitsschutzrecht zu befolgen, welches dem Arbeitgeber öffentlich-rechtliche Pflichten auferlegt, um die von der Arbeit ausgehenden Gefahren zu beseitigen oder zu vermindern.
Besondere Bedeutung erlangen sämtliche Fragen, die mit der Beendigung des Arbeitsverhältnisses zusammenhängen. Dabei sind neben der Einhaltung von Kündigungsfristen (mit Ausnahme der außerordentlichen Kündigung aus wichtigem Grund) auch die Vorschriften des Betriebsverfassungsgesetzes und des Kündigungsschutzgesetzes zu beachten. Für die Möglichkeit, ein Arbeitsverhältnis von seiten des Arbeitgebers zu kündigen, legt das Kündigungsschutzgesetz bei Arbeitsverhältnissen, die länger als ein halbes Jahr andauern, und bei einer Betriebsgröße von mehr als fünf Beschäftigten strenge Maßstäbe an die Wirksamkeit an. Grundsätzlich sind Kündigungen dann nur möglich, wenn Kündigungsgründe in der Person oder im Verhalten des Arbeitnehmers vorhanden sind oder eine Kündigung aus dringenden betrieblichen Erfordernissen notwendig ist.

3.8. Kollektives Arbeitsrecht

Unter den Vorschriften des kollektiven Arbeitsrechts sind die gesetzlichen Bestimmungen zu verstehen, die sich mit der Stellung und den Befugnissen der Arbeitgeber- und Arbeitnehmervertretungen und -verbände beschäftigen.
Hauptsächliches Recht der Organisationen der Arbeitgeber und Arbeitnehmer ist der Abschluß von Tarifverträgen, der im Tarifvertragsgesetz geregelt ist.
Tarifverträge regeln demnach für bestimmte Branchen Mindestarbeitsbedingungen und Mindestentgelte. Sie sind für die

durch Tarifvertrag gebundenen Parteien verbindlich, stellen jedoch in der Regel auch für die gesamte Branche eine Leitlinie dar.
Im übrigen finden sich im Betriebsverfassungsgesetz Regelungen, die die Mitwirkungs- und Mitbestimmungsmöglichkeiten der Arbeitnehmer über von ihnen zu wählende Betriebsräte gewährleisten.
Im Mitbestimmungsgesetz sind die Mitbestimmungsmöglichkeiten der Arbeitnehmer in den Aufsichtsgremien von größeren Unternehmen geregelt.

3.9. Vorschriften zur Umwandlung und Reprivatisierung von Betrieben auf dem Gebiet der ehemaligen DDR

Die ehemalig volkseigenen Betriebe werden von der staatlichen Treuhandgesellschaft, die insoweit im Moment als Anteilseignerin (= Gesellschafterin) fungiert, privatisiert.
Die ehemaligen Produktionsgenossenschaften des Handwerks müssen sich bis spätestens 31. Dezember 1992 umwandeln, da lediglich bis dahin das entsprechende Gesetz vom 8. März 1990 (GBL. I/1990, Nr. 18, Seite 164) fortgilt.
Juristisch gesehen vollzieht sich die Umwandlung als Sachgründung der GmbH oder der AG.
Alle Unternehmen, die am 1. Juli 1990 ihre Hauptniederlassung in der ehemaligen DDR hatten, haben zum Stichtag 1. Juli 1990 eine DM-Eröffnungsbilanz zu erstellen. Dies regelt das Gesetz über die Eröffnungsbilanz in Deutscher Mark und die Kapitalneufestsetzung (DM-Bilanzgesetz). Im Rahmen dieser Eröffnungsbilanz sind andere Bewertungsmaßstäbe als die, die bisher in der volkseigenen Wirtschaft galten, festgelegt.

3.10. Sondervorschriften für die Landwirtschaft

Nach dem Landwirtschaftsanpassungsgesetz vom 29. Juni 1990 (GBL. I/1990, Nr. 42, Seite 642) müssen die LPG's den neuen wirtschaftlichen Verhältnissen angepaßt werden.

Zwar ist der bäuerliche Einzelbetrieb als Familienbetrieb die prägende Betriebsform in der Landwirtschaft, jedoch ist nicht von der Hand zu weisen, daß infolge der Umstrukturierungen, die sich im Bereich der Landwirtschaft in den letzten 40 Jahren ergeben haben, nicht überall und ausschließlich Familienbetriebe entstehen werden. Es besteht nach wie vor auch in Zukunft ein erhebliches Bedürfnis für größere Betriebseinheiten. Daher ist es angezeigt, auch im Bereich der Landwirtschaft über Unternehmensformen nachzudenken, die neben dem Familienbetrieb denkbar sind.

Beim landwirtschaftlichen Familienbetrieb handelt es sich um ein Einzelunternehmen, bei dem aber Unternehmungsführung, Arbeitsausführung und die Übernahme des unternehmerischen Risikos in einer Hand vereinigt sind. Dort, wo große Einheiten bestehen bleiben, ergibt sich die Notwendigkeit, die bisherigen landwirtschaftlichen Produktionsgenossenschaften entweder in Kapitalgesellschaften (vor allem in eine GmbH) oder in eine eingetragene Genossenschaft (e G) umzuwandeln. Auch die eingetragene Genossenschaft ist eine juristische Person, die mit Eintragung in das Genossenschaftsregister zu einem Gewerbebetrieb wird.

Das Genossenschaftsgesetz bezeichnet als Zweck der unternehmerischen Tätigkeit einer Genossenschaft, die Förderung des Erwerbs und der Wirtschaft ihrer Mitglieder. Sie muß mindestens sieben Gründungsmitglieder haben, eine Satzung und Organe (vgl. Abschnitt 2.10.).

Es empfiehlt sich, die Betriebsteile der ehemaligen LPG's, die nicht primär mit der Landwirtschaft zu tun haben, in Kapitalgesellschaften umzuwandeln und die landwirtschaftlich geprägten Betriebsteile in eingetragene Genossenschaften.

ZEHN x 10

4. Unternehmensfinanzierung

von Hans Masemann

Innerhalb eines Betriebes spielen das Geldwesen und damit die Finanzwirtschaft eine entscheidende Rolle.
Der Begriff Finanzierung wird in der Praxis und in der Literatur unterschiedlich weit gefaßt. Wir gehen hier davon aus, daß Finanzierung die Aufbringung von Kapital und die Kapitaldisposition umfaßt.
Daneben hat die Finanzierung aber auch die Gestaltung betrieblicher Zahlungsströme zum Gegenstand.

4.1. Finanzierungsquellen im Überblick

Die Betriebswirtschaftslehre kennt verschiedene Einteilungskriterien der Finanzierung.
Nach der Häufigkeit der Finanzierung wird unterschieden in
- laufende Finanzierung und
- besondere Finanzierung.

Hinsichtlich der Fristigkeiten wird unterschieden in
- kurz-,
- mittel- und
- längerfristige Finanzierung.

Nach der rechtlichen Stellung des Geldgebers wird unterschieden in
- Eigenfinanzierung und
- Fremdfinanzierung.

Nach der Mittelherkunft wird unterschieden in
- Außenfinanzierung und
- Innenfinanzierung.

Wie Sie als Unternehmer auf dem Gebiet der ehemaligen DDR zinsgünstige Kredite für wenig Geld erhalten, entnehmen Sie bitte der Tabelle 4.1(siehe Seiten 79 – 81). Hier werden Ihnen die Bedingungen für ERP-Kredite und Eigenkapitalhilfen dargelegt.

4.2. Außenfinanzierung

Von Außenfinanzierung wird dann gesprochen, wenn einer Unternehmung von außen Finanzmittel zugeführt werden. Es ist dabei unerheblich, ob diese Mittel von Fremdkapitalgebern

Tabelle 4.1

Übersicht über zinsgünstige Kredite

Die Zeitschrift "Die Wirtschaft" hat für Sie die Bedingungen für ERP-Kredite und für Eigenkapitalhilfen zusammengestellt:

	ERP-Programm	Eigenkapitalhilfe
Zweck	Mit den ERP-Krediten werden folgende Fördermaßnahmen auf dem Gebiet der ehemaligen DDR begünstigt: - Existenzgründungsprogramm (zur Gründung einer gewerblichen oder freiberuflichen Existenz), - Abfallwirtschaftsprogramm (Finanzierungsziele sind Vorhaben der Abfallbeseitigung, des Abfallrecyclings sowie des vorsorglichen Umweltschutzes), - Energiesparprogramm (Finanzierungsziele sind Maßnahmen, die auf eine deutliche Senkung des Energieverbrauchs gerichtet sind), - Tourismusprogramm (Neubau und Rekonstruktion), - Modernisierungsprogramm (alle Bereiche).	Mit der Eigenkapitalhilfe können Privatpersonen zusätzliche risikotragende Mittel zur Verstärkung der Eigenkapitalbasis für angemessene und erfolgversprechende Vorhaben im Bereich der mittelständischen gewerblichen Wirtschaft und der freien Berufe auf dem Gebiet der ehemaligen DDR zur Verfügung gestellt werden. Die Fördermittel haften unbeschränkt und erfüllen somit Eigenkapitalfunktion. Die Förderung ist auf folgende Vorhaben gerichtet: - Gründung eines privaten Unternehmens bzw. einer freiberuflichen Existenz, - Erwerb von Unternehmen oder einzelner Betriebsstätten auch im Zuge der Privatisierung, - Investition zur Festigung eines Unternehmens, auch durch tätige Beteiligung, - Folgeinvestitionen innerhalb von 3 Jahren nach der ersten Förderung mit Eigenkapitalhilfe.

Tabelle 4.1
Übersicht über zinsgünstige Kredite

Die Zeitschrift "Die Wirtschaft" hat für Sie die Bedingungen für ERP-Kredite und für Eigenkapitalhilfen zusammengestellt:

	ERP-Programm	Eigenkapitalhilfe
Antragstellung	Bei einem Bankinstitut eigener Wahl, das auch die Haftung für Zins und Tilgung übernimmt.	Bei einem Bankinstitut eigener Wahl. Die Haftung für Zins und Tilgung trägt die Bundesregierung.
Antragsberechtigte	Gewerbliche Unternehmen, die sich vollständig oder mehrheitlich in privatem – auch genossenschaftlichem – Eigentum befinden; Unternehmen alter Bundesländer mit Investitionsziel ehemaliges DDR-Gebiet, Gemeinschaftsinvestitionen.	Natürliche Personen, die nicht älter als 50 Jahre sein sollen und eine fachliche und kaufmännische Qualifikation vorweisen können.
Voraussetzungen	Fachliche Qualifikation der Unternehmer einschließlich kaufmännischer Grundkenntnisse, Berufserfahrung, Vorlage eines Investitions- und Finanzierungsplanes.	Einsatz vorhandener Eigenmittel (mindestens 15 %); im Ausnahmefall auch unter 15 %. Vorlage eines Investitions- sowie Kosten- und Finanzierungsplanes sowie einer Stellungnahme einer unabhängigen, fachlich kompetenten Stelle. **Wichtig:** Mit dem Vorhaben darf bei Antragstellung noch nicht begonnen worden sein; ohne die Gewährung der Eigenkapitalhilfe darf

		das Vorhaben nicht oder nur wesentlich erschwert möglich sein, das Vorhaben muß eine tragfähige Vollexistenz erwarten lassen.
Kredithöhe	5.000,– DM und höher (nach oben offen) 100 %-Finanzierung ohne Eigenkapitalanteil 1 Jahr Zeit für Inanspruchnahme.	Mindestbetrag: 5.000,– DM Höchstbetrag: 350.000,– DM Im Einzelfall bis 400.000,– DM Die vorhandenen Eigenmittel sollen 15 % der Bemessungsgrundlage nicht unterschreiten; sie können mit Eigenkapitalhilfe bis zu 40 % aufgestockt werden.
Laufzeit	Bis zu 15 Jahren (bei Bauvorhaben bis zu 20 Jahren), davon bis zu 5 Jahren tilgungsfrei, danach soll die Tilgung in gleichen Halbjahresraten erfolgen, die vorzeitige Rückzahlung ist jederzeit kostenfrei.	20 Jahre, spätestens bis zur Vollendung des 70. Lebensjahres; Tilgung nach 10 tilgungsfreien Jahren in 20 gleichbleibenden Halbjahresraten.
Zinssatz	6,5 % 7,5 % (dieser Satz gilt für Anträge, die bei den Instituten des Bundes seit dem 16.5.1990 eingehen).	1. bis 3. Jahr: zinslos 4. Jahr: 2,0 % 5. Jahr: 3,0 % 6. Jahr: 5,0 % Einmalige Bearbeitungsgebühr: 2,0 % Garantieentgelt der bestehenden Eigenkapitalhilfe: 0,5 %
Sicherheiten	ERP-Kredite werden banküblich gesichert.	Bei Einziehen sind zusätzliche Sicherheiten zu stellen.

kommen (zum Beispiel Kredite) oder von weiteren Anteilseignern (Beteiligungsfinanzierung) oder den bisherigen Gesellschaftern bzw. Eigentümern.
Es kommt lediglich darauf an, daß die Finanzierungsmittel dem Betrieb von außen zugeführt werden.
Wenn Sie staatliche Kredite beanspruchen, können Sie diese bei Ihrer Bank oder Sparkasse beantragen.
Das Institut kümmert sich um eine etwaige Bürgschaft einer Kreditgarantiegemeinschaft oder des Landes. Wichtig ist, nichts zu investieren, bevor die Anträge nicht genehmigt sind.
Wenn auch das Kreditinstitut weitgehend für die Anträge sorgt, ganz verschont bleibt kein Existenzgründer von den Formularen. Die folgenden Unterlagen benötigen Sie für die Bearbeitung bei der Bank:

- kurzgefaßter Lebenslauf des Antragstellers oder der Antragsteller,
- Zeugnisse als Qualifikationsnachweis,
- Mietvertrag für die Geschäftsräume bzw. eine Bereitwilligkeitserklärung des Vermieters, die Räume an den Antragsteller zu vermieten,
- Kostenvoranschläge oder Angebote für die vorgesehenen Investitionen (von Lieferanten, Handwerkern etc.),
- Gesellschaftsvertrag, falls das Unternehmen von mehreren Personen gegründet wird,
- Rentabilitätsvorschau: eine Umsatz- und Ertragsrechnung.

Falls Absichtserklärungen von potentiellen Auftraggebern vorliegen, sollten diese ebenfalls eingereicht werden.
Bei Übernahme eines bestehenden Unternehmens kommen hinzu:

- Kaufvorvertrag (mit einer Klausel, daß der Vertrag nicht rechtsgültig wird, wenn die staatlichen Mittel nicht genehmigt werden),
- Bilanzen der letzten drei Jahren,
- Inventarverzeichnis,
- gegebenenfalls Kostenvoranschläge für beabsichtigte Umbauten und ähnliches.

4.3. Innenfinanzierung

Einem Betrieb stehen neben der Aufnahme von Krediten und der Einbeziehung neuer Gesellschafter oder Aktionäre weitere Möglichkeiten der Geldbeschaffung offen, und zwar im Rahmen der sogenannten Innenfinanzierung. Dabei geht es darum, daß der Betrieb diese Mittel erwirtschaftet.
Unter dem Begriff Innenfinanzierung unterscheiden wir folgende Möglichkeiten:

a) *Die Selbstfinanzierung*
Unter Selbstfinanzierung versteht man die Finanzierung aus bilanziellen Gewinnen, die im Unternehmen zurückbehalten werden. Der Finanzierungseffekt liegt dabei zeitlich schon vor dem Akt der bilanziellen Gewinnermittlung und der Gewinnverwendungsentscheidung. Erwirtschaftete Gewinne werden meistens sofort wieder für Investitionen verwendet, bevor die eigentliche Gewinnfeststellung erfolgt.
Die **offene** Selbstfinanzierung erfolgt aus dem in der Bilanz und der Gewinn- und Verlustrechnung ausgewiesenen Gewinn bzw. Jahresüberschuß. Der einbehaltene Gewinn unterliegt dabei der Einkommensteuer bzw. Körperschaftsteuer (Satz für einbehaltenen Gewinn). Die Einbehaltung ausgewiesener Gewinne erfolgt bei Personengesellschaften sowie Einzelunternehmen durch Gutschrift auf dem Kapitalkonto und Verzicht auf Entnahmen. Bei Kapitalgesellschaften sowie Einzelunternehmen durch Gutschrift auf dem Kapitalkonto und Verzicht auf Entnahmen. Bei Kapitalgesellschaften mit festem Nominalkapital (GmbH, AG) wird der zurückbehaltene Gewinn den offenen Rücklagen zugeführt. Bei Aktiengesellschaften (AG) kann diese Zuführung aus den gesetzlichen, den freien oder den statutarischen Rücklagen erfolgen. Übersteigt die gesetzliche Rücklage den geforderten Anteil des Grundkapitals, so kann sie auch zu einer Kapitalerhöhung aus Gesellschaftsmitteln verwendet werden. Das Vorhandensein von Liquiditätsreserven wird durch die Vermögensstruk-

tur determiniert, unabhängig von dem Vorhandensein einer gesetzlichen Rücklage.

Die **stille** Selbstfinanzierung erfolgt durch Einbehaltung nicht ausgewiesenen Gewinns. Der Gewinnausweis wird durch bewußte bilanzpolitische Bewertungsakte verringert, wodurch stille Reserven entstehen. Die Bildung stiller Reserven kann u. a. erfolgen durch einen niedrigen Wertansatz von Vermögensteilen. Die Anschaffungs- oder Herstellungskosten stellen die obere Grenze für die Bewertung von Vermögensteilen in der Bilanz dar.

Die stille Selbstfinanzierung besitzt gegenüber der offenen Selbstfinanzierung den Vorteil einer Steuerstundung. Andererseits erhöht die stille Selbstfinanzierung den Periodenaufwand, wodurch der zu versteuernde Gewinn verringert wird. Bei Unternehmen mit firmeneigenen Zielen, wie etwa Publikumsaktiengesellschaften kommt hinzu, daß die stille Selbstfinanzierung der Mitsprache der Unternehmenseigner, speziell der Kleinaktionäre, weitgehend entzogen ist.

Die Bildung stiller Reserven ist in der Steuerbilanz nur in begrenztem Umfang möglich.

b) *Finanzierung aus Abschreibungen*

Neben der bilanziellen Abschreibung, die als Aufwand in die Gewinn- und Verlustrechnung eingeht, erfolgt in der Kostenrechnung der Ansatz kalkulatorischer Abschreibungen. Daneben besitzen die Abschreibungen jedoch auch einen Finanzierungseffekt. Die Abschreibung bewirkt einen Desinvestitionsprozeß, der eine Vermögensumschichtung zur Folge hat. Es erfolgt eine Rückführung gebundener Finanzierungsmittel in eine liquide Form. Für eine Finanzierung aus Abschreibungen müssen folgende Bedingungen erfüllt sein:

Die verrechneten Abschreibungen müssen über die Umsatzerlöse verdient sein.

Die Abschreibungsgegenwerte müssen der Unternehmung als Einzahlungen zugeflossen sein.

Der über die bilanzielle Abschreibung hinausgehende Betrag

der kalkulatorischen Abschreibung wird daher zu Bilanzgewinn (Scheingewinn).
Müssen aus Abschreibungsgegenwerten zurückfließende Mittel nicht zweckgebunden zur Ersatzbeschaffung reinvestiert werden, so können sie auch für Erweiterungsinvestitionen Verwendung finden.
Der Kapitalfreisetzungseffekt der Abschreibungen kann dann zu einer Kapazitätserweiterung führen, jedoch nur zu einer Ausweitung der Periodenkapazität, die Gesamt- oder Totalkapazität bleibt dagegen gleich.
Bei linearer Abschreibung entspricht die durchschnittliche Kapitalbindungsdauer gerade der Hälfte der Nutzungsdauer. Unterstellt man eine kontinuierliche Abschreibung und Reinvestition, so kann der Kapazitätserweiterungseffekt maximal zu einer Verdoppelung der Periodenkapazität führen. Da jedoch in der Praxis keine kontinuierliche Abschreibung und Reinvestition erfolgt, ist der Kapazitätserweiterungseffekt stets kleiner als die maximal erreichbare Verdoppelung.
Eine Finanzierung aus Abschreibungen kann nur erfolgen, wenn die Abschreibungsgegenwerte in liquider Form vom Markt zur Verfügung gestellt werden. Dies ist eine unabdingbare Voraussetzung für das Auftreten sowohl des Kapitalfreisetzungs- als auch des Kapazitätserweiterungseffekts.
Bei einer Kapazitätsausweitung muß auch eine eventuelle Mehrstufigkeit des Produktionsprozesses berücksichtigt werden. Erfolgt nur eine Ausweitung bestimmter Stufen, so führt dies zu einer Disproportionalität im Produktionsablauf.
Die Finanzierung aus Abschreibungen wird daher – wie auch die Selbstfinanzierung – nicht unerheblich von den Absatzmöglichkeiten determiniert.

c) *Finanzierung aus Rückstellungen*
Da die Rückstellungen der Begleichung späterer Verbindlichkeiten dienen, zählen sie in der Bilanz zum Fremdkapital. Die Finanzierung aus Rückstellungen ist daher als innerbetriebliche Fremdfinanzierung einzuordnen. Da jedoch entspre-

chende Rückstellungen jährlich wieder neu gebildet werden, führt der sogenannte Bodensatz an Rückstellungen zu einem dauerhaften Finanzierungseffekt, der auch durch langfristige Rückstellungen erzielt wird. Hierzu zählen vor allem die Pensionsrückstellungen.

4.4. Optimales Finanzvolumen

Das bekannteste System der Bestimmungsfaktoren für ein optimales Finanzvolumen im Produktionsbetrieb wurde von Erich Gutenberg entwickelt, der eine Gegenüberstellung der Bestimmungsfaktoren der Kosten und des Kapitalbedarfs vornimmt.

Danach sind die Hauptdeterminanten des Kapitalbedarfs die mengenmäßigen Komponenten wie Prozeßanordnung, Beschäftigungsgrad, Betriebsgröße und Produktprogramm sowie die Zeitkomponente (Prozeßgeschwindigkeit) und die wertmäßige Komponente (Preisniveau).

Bei der Prozeßanordnung entsteht Kapitalbedarf, da entweder der Grad der Auslastung niedrig ist (Werkstattfertigung) oder aus Sicherheitsgründen der Beschaffungsbereich eine Vorratslagerhaltung unterhält.

Der Einflußfaktor Betriebsgröße ist deutlich, da der Kapitalbedarf in großen Unternehmen größer sein muß als in Mittelbetrieben.

Beim Beschäftigungsgrad gilt eine ähnliche Begründung. Je mehr Mitarbeiter das Unternehmen hat, desto größer ist auch der Kapitalbedarf (vor allem durch zeitliche Vorverlagerung der Gehaltszahlungen).

Bei der Komponente des Produktprogramms können zum Beispiel Programmänderungen einen erhöhten Kapitalbedarf auslösen. Liegen große Produktdifferenzierungen vor, nehmen auch die Beschaffungskosten für die zahlreichen Materialien zu. Hier wird der Kapitalbedarf höher sein als bei einem Einprodukt-Fertigungsbetrieb.

Leverage-Effekt (Leverage = Hebel)
Der Leverage-Effekt sagt etwas aus über den Zusammenhang zwischen der Rendite des Eigenkapitals und des Gesamtkapitals und ist für viele Unternehmen ein wesentlicher Grund für die Verschuldung.
Er lautet:

Solange die Gesamtkapitalrentabilität höher ist als der Fremdkapitalzins, steigt mit wachsender Verschuldung die Rendite des Eigenkapitals.

Mit einem Beispiel (ohne Berücksichtigung von Steuern) soll dieser Satz erläutert werden.

	TDM		TDM	Prozent
Eigenkapital	30	Gewinnanteil EK	4,4	14,67
Fremdkapital	70	Zinsen	5,6	8,0
Gesamtkapital	100	Gewinn	10,0	10,0

In diesem Beispiel wird davon ausgegangen, daß ein Unternehmen über ein Gesamtkapital von 100 000,00 DM verfügt. Ein Gewinn von 10 000,00 DM entspräche einem Prozentsatz von 10 Prozent.
Die in der Gewinn- und Verlustrechnung ausgewiesenen Zinsen in einer Höhe von 5 600,00 DM entsprechen 8 Prozent, bezogen auf das Fremdkapital in Höhe von 70 000,00 DM.
Mit dem Restbetrag würde sich per Definition das Eigenkapital verzinsen, also im Beispiel: 4 400,00 DM, bezogen auf 30 000,00 DM ergibt einen Prozentsatz von 14,67 Prozent.
Damit wäre eine Bedingung erfüllt, die der Leverage-Effekt beinhaltet:
Die Gesamtkapitalrentabilität ist mit 10 Prozent größer als der zu zahlende Fremdkapitalzins mit 8 Prozent.
Um einen Leverage-Effekt insgesamt wirksam werden zu lassen, ist es bei dieser Datenkonstellation wirksam, die Verschuldung ansteigen zu lassen, um eine erhöhte Eigenkapitalrentabilität zu erreichen.

Gesetzt den Fall, der Betrieb plant eine Erweiterung der Investitionen in Höhe von 20 000,00 DM. Dieser Betrag soll fremdfinanziert werden. Der Zinssatz der Neuverschuldung beträgt ebenfalls 8 Prozent.
Es wird weiter davon ausgegangen, daß der zukünftige Umsatz eine ebenfalls 10prozentige Verzinsung des Gesamtkapitals zuläßt.
Dann würde sich das obige Zahlenbeispiel wie folgt darstellen:

	TDM		TDM	Prozent
Eigenkapital	30	Gewinnanteil EK	4,8	16,0
Fremdkapital	90	Zinsen	7,2	8,0
Gesamtkapital	120	Gewinn	12,0	10,0

Bei sonst konstanten Größen wächst also die Eigenkapitalrentabilität von 14,67 Prozent auf 16 Prozent bei einer weiteren Verschuldung von 20 000,00 DM.
Was heißt das nun?
In der Konsequenz würde dies bedeuten, daß bei gegebener Konstellation die Verschuldung gegen unendlich steigen könnte – ja sogar müßte –, wenn es dem Unternehmer auf die maximale Verzinsung seines Eigenkapitals ankäme.
Das obige Beispiel setzt voraus, daß der Betrieb eine permanente Gesamtkapitalrendite von 10 Prozent erarbeitet. Es wird damit unterstellt, daß die Umsätze laufend steigen, das heißt, die produzierten Güter werden so abgesetzt, wie der Umsatzplan es vorsieht.
Was aber, wenn der Umsatzplan nicht eingehalten wird?
Dann kann es dazu führen, daß das Unternehmen nicht nur eine sinkende Eigenkapitalrendite hat – der Leverage-Effekt wirkt auch in negativer Richtung wie im weiteren gezeigt wird –, sondern nachhaltig können Zahlungsschwierigkeiten auftreten, die eine Vorstufe zur Zahlungsunfähigkeit sind und damit zum Zusammenbruch des Unternehmens führen können.

	TDM		TDM	Prozent
Eigenkapital	30	./. Kapital	–1,4	–4,7
Fremdkapital	90	Zinsen	7,2	8,0
Gesamtkapital	120	Gewinn	5,8	4,8

Damit das nicht erfolgt, sollten folgende Schritte einer praktischen Finanzplanung eingehalten werden.

4.5. Vier Schritte der Finanzplanung

Um eine ordnungsgemäße, die wesentlichen Punkte der Finanzierung umfassende Planung zu gewährleisten, ist es zweckmäßig, die vielen mit der Finanzierung im Zusammenhang stehenden Fragen in die folgende Systematik einzubringen:

1. Ermittlung des Finanzierungsbedarfs
2. Zurverfügungstellung der Finanzierungsmittel
3. Berechnung des Kapitaldienstes
4. Darstellung der nachhaltigen Kapitaldienstgrenze

Bevor auf die Vorgehensweise der einzelnen Positionen eingegangen wird, seien an dieser Stelle noch einige grundsätzliche Regeln der Finanzierung im Unternehmen erwähnt, deren Beachtung sehr empfehlenswert sind:

- Die Ausgaben, die anfallen, sind voll anzusetzen.
- In die Zukunft gerichtete Umsatzplanungen sollten in der Regel mit Wahrscheinlichkeiten belegt werden. Hierbei ist insbesondere darauf zu achten, zahlungsfähige Kunden zu gewinnen und sich nicht von einem großen Kunden abhängig zu machen.
- Die Zahlungsziele sollten so gesetzt sein, daß sie mit den von den Lieferanten gesetzten Zahlungszielen korrespondieren.
- Langlebige Wirtschaftsgüter sollten langfristig finanziert werden. Dabei umfaßt die langfristige Finanzierung eigene und fremde Mittel (siehe Abschnitte 4.1 – 4.3.). Hierbei ist

zu beachten, daß die eigenen Mittel nach Möglichkeit dominieren sollten. Insgesamt sollte eine Eigenkapitalquote von mindestens 35 – 40 Prozent der Gesamtkapitalstruktur angestrebt werden.
Kurzfristige Vermögenswerte sollten dagegen kurzfristig finanziert werden. Hier empfehlen sich die oben aufgezeigten Finanzierungsquellen.

4.6. Ermittlung des Finanzierungsbedarfs

Es kommt vor, daß ein Existenzgründer seinen Finanzierungsbedarf ausschließlich aus dem Anschaffungspreis seines Hauptwirtschaftsgutes ableitet, andere wesentliche Komponenten dagegen nicht in genügendem Maße berücksichtigt oder schlicht vergißt.
Wie schützt sich nun ein Existenzgründer davor, derartige Fehler zu begehen?
Im ersten Schritt stellt er sich folgende Fragen:

- Ist die Finanzierung der anstehenden Investition in ein Gesamtunternehmenskonzept eingebunden?
- Plant der Betrieb, den Umsatz zu halten, auszubauen oder seine Produktpalette zu erweitern?
- Handelt es sich bei der Investition um eine Ersatz-, Rationalisierungs- oder um eine Erweiterungsinvestition?

Wenn zum Beispiel an einen Maschinenbau gedacht ist:
Ist es erforderlich, die Position "Grundstücke und Bauten" ebenfalls aufzustocken, oder sind die bisherigen "Räumlichkeiten" ausreichend?
Sind zusätzliche Erweiterungen erforderlich in den Positionen "Technische Anlagen und Maschinen"?
In welcher Weise wird die Position "Andere Anlagen, Betriebs- und Geschäftsausstattung" berührt, zum Beispiel durch den Kauf von Büroausstattungen, Fahrzeugen sowie geringwertiger Wirtschaftsgüter?
Für den Fall, daß bereits eine Bilanz besteht: Wie stellt sich die gegenwärtige Situation dar? Ist das langfristige Vermögen,

Tabelle 4.2
Schema: Langfristiger Finanzbedarf*

Position	Betrag in TDM
A. Anlagevermögen	
I. Immaterielle Vermögensgegenstände	
Konzessionen, gewerbliche Schutzrechte und ähnliche Rechte und Werte sowie Lizenzen an solchen Rechten und Werten	______
II. Sachanlagen	
1. Grundstücke, grundstücksgleiche Rechte und Bauten, einschl. der Bauten auf fremden Grundstücken	______
2. Technische Anlagen und Maschinen	______
3. Andere Anlagen, Betriebs- und Geschäftsausstattung	______
III. Finanzanlagen Beteiligungen	______
IV. Kapitalbedarf bei einer evtl. Unterdeckung des Anlagevermögens	______
Summe: Langfristiger Finanzierungsbedarf:	______

* Beachten Sie bitte, daß es sich hierbei um ein vereinfachtes Schema handelt, dessen Ziel in erster Linie darin besteht, Denkstrukturen einer Finanzierung zu zeigen.

also die Position "Anlagevermögen", auch langfristig finanziert oder gibt es Abweichungen? Wie groß sind diese und sind sie eventuell vertretbar?
Für die Ermittlung des langfristigen Finanzbedarfs entsteht ein Schema, das Sie in seiner vereinfachten Form der Tabelle 4.2 entnehmen können.

4.7. Finanzierungsmittel

Innerhalb dieses zweiten Schrittes kommt es darauf an, die Quellen der Finanzierungsmittel festzulegen und deren jeweilige Höhe.
Bezüglich der langfristig zur Verfügung gestellten Finanzierungsmittel wird zunächst die Frage gestellt: Wie groß ist der Betrag, der sich aus der Eigen- und Selbstfinanzierung ergibt?
Dabei sind drei Größen zu prüfen:

a) Wieviel **liquide Mittel** werden aus dem kurzfristigen Bereich (zum Beispiel Position "Kassenbestand" oder "Bank") dem langfristigen Bereich zugeführt?
b) Wie hoch ist der Betrag der **Einlagen**, die dem Betrieb von den Gesellschaftern zufließen. (Im Rahmen der Kapitalgesellschaften handelt es sich hierbei entweder um eine Kapitalerhöhung durch die Aufnahme neuer Gesellschafter oder durch die Herausgabe von Aktien)
c) Schließlich ist zu berücksichtigen, wie hoch sich der **Anteil der Selbstfinanzierung** darstellt:

Er kann beispielsweise nach dem folgenden Schema ermittelt werden:

Cash flow
./. Privatentnahmen
./. Einkommensteuerzahlungen
./. Ersatzinvestitionen
./. Tilgung von langfristigem Fremdkapital
./. Erlöse aus dem Verkauf von Gegenständen des Anlagevermögens.

Wenn wir die Positionen der Eigen- und Selbstfinanzierung addieren, wissen wir, wieviel Mittel der Betrieb "aus eigener Kraft" aufbringen kann. Diesem Betrag ist dann die Summe des langfristigen Finanzierungsbedarfs gegenüberzustellen. Die Differenz ist als zusätzliches langfristiges Fremdkapital aufzunehmen, der erwähnten Maxime folgend: Langfristiger Finanzierungsbedarf ist langfristig zu finanzieren.

Ebenso ist vorzugehen bei der Festlegung der kurzfristigen Finanzierungsmittel. Es ist auszugehen von dem Betrag, den der Betrieb als kurzfristigen Finanzierungsbedarf ansetzt. Auf der anderen Seite wird jetzt die Frage beantwortet, in welcher Höhe dem Betrieb kurzfristige Mittel zur Verfügung stehen. So kann zum Beispiel der Betrag, der zum Ausgleich einer eventuellen Anlageunterdeckung im langfristigen Bereich aufgenommen wurde, dem kurzfristigen Bereich zugeführt werden. In einem solchen Fall würde es sich quasi um eine Umschuldung handeln. Der Differenzbetrag würde dann in Form eines kurzfristigen Kredites, zum Beispiel eines Kontokorrent-Kredites, aufzunehmen sein.

4.8. Ermittlung des Kapitaldienstes

Der Kapitaldienst wird wie folgt definiert: Zins p. a. plus Tilgung p. a. Die Vorgehensweise läßt sich relativ einfach darstellen:

- Es werden die bestehenden und neuen Darlehen betrachtet. In beiden Fällen werden die Fragen beantwortet:
  Wie hoch ist der Zins, der zu zahlen ist?
  Wie hoch ist der Betrag, der hinsichtlich der Tilgung zu entrichten ist?
- Hinsichtlich der Kontokorrentkredite gilt folgende Vorgehensweise:
  Es werden nur die Zinsen berechnet, und zwar ausgehend von der höchstmöglichen Ausschöpfung der jeweiligen Kreditlinie. Finanzierungstechnisch kann diese Position als Sicherheitspolster betrachtet werden. Bei geplanter bzw. höherer Umsatztätigkeit wird der Kontokorrentkredit aus den Umsätzen heraus zurückgeführt.

Bei der Berechnung sind auch weitere Finanzierungsformen, zum Beispiel der Wechselkredit, zu berücksichtigen.

4.9. Berechnung der Kapitaldienstgrenze

In diesem Schritt geht es darum, unter der Annahme bestimmter Daten (zum Beispiel Umsatz, Materialaufwand etc.) zu berechnen, ob der im dritten Schritt berechnete Kapitaldienst auch bezahlt werden kann. Das Berechnungsschema stellt sich – vereinfacht – wie folgt dar:

Umsatz (netto)
./. Wareneinsatz
= Rohertrag
\+ Sonstige ordentliche Erträge
= Betriebserträge
./. Personalaufwand
./. Sonstiger ordentlicher Aufwand (ohne Zinsen und Abschreibungen)
= Erweiterter cash flow
./. Zinsen
= Verfügbarer cash flow
./. Abschreibungen auf Sachanlagen
= Betriebsergebnis
\+ Außerordentlicher Ertrag ./. außerordentlicher Aufwand
= Bilanzgewinn

Im nächsten Schritt wird nun der Betrag auf der Zeile Erweiterter cash flow übernommen und wie folgt weitergeführt:

Erweiterter cash flow
\+ Sonstige Einkommen und Einlagen
./. Einkommen- und Vermögensteuer
./. Sonderausgaben und sonstige Privatentnahmen
./. Voraussichtlicher Eigenmitteleinsatz für Ersatzinvestitionen
./. Sonstiges
= Kapitaldienstgrenze für die Planungsperiode

Durch die Gegenüberstellung der Kapitaldienstgrenze mit dem Kapitaldienst kann nun berechnet werden, in welcher Höhe der Kapitaldienst die Kapitaldienstgrenze ausschöpft. Die Sicherheit der Finanzierung läßt sich nun auch ableiten aus dem Vergleich des "konstanten" Kapitaldienstes (der sich bei einer Veränderung der Zinsstruktur verändern kann) mit der geplanten, und zwar unter Unsicherheit geplanten, Kapitaldienstgrenze. Konkret bedeutet dies, daß die Finanzierung unter Umständen dann nicht stattfinden kann, wenn der geplante Umsatz nur mit einer zum Beispiel 80prozentigen Sicherheit eintritt.

4.10. Finanzplanung

Die Ermittlung des Finanzierungsbedarfs muß unter quantitativen und qualitativen Aspekten gesehen werden. Die quantitative Seite bezieht sich auf die benötigten Summen, während in qualitativer Hinsicht auf die Kosten und auf die Überlassungsfristen der Finanzierung zu achten ist.
Aufgabe des Finanzplanes ist es, beide Größen für die Finanzwirtschaft zu ermitteln. Der Finanzplan stellt also für jede künftige Planungsperiode die Geldbestände sowie die erwarteten Einzahlungen den erwarteten Auszahlungen gegenüber. Die Finanzplanung ist eng mit der Gesamtplanung des Unternehmens verbunden und damit auch auf detaillierte Informationen aus den material-, produktions- und absatzwirtschaftlichen Bereichen angewiesen. Dabei können kurz-, mittel- und langfristige Finanzpläne aufgestellt werden. Während die kurzfristigen Pläne als Liquiditätspläne bezeichnet werden, die die Zahlungsfähigkeit des Unternehmens jederzeit gewährleisten sollen, sind mittel- und langfristige Finanzpläne als Rahmenplanungen für künftige Entwicklungen anzusehen.
In den Tabellen 4.3 bis 4.5 (siehe Seiten 97 – 102) wird ein **kurzfristiger** Finanzplan aufgestellt. Er allein zeigt, wie differenziert und detailliert die Planung im Finanzbereich ist, welche Faktoren zu berücksichtigen sind.

An dieser Stelle sei dem Leser folgendes gesagt:
Viele Existenzgründungen scheitern an der falschen Finanzierung.
Die Begriffsdefinition Einzahlungen – Einnahmen findet der Leser in dem Kapitel Rechnungswesen und Steuern von Reinhard Weiser.

Tabelle 4.3
Kurzfristiger Finanzplan – Einnahmen

Einnahmen	Zeitraum*			
	Vergleichsperiode	Planzahlen	Istzahlen	Plankorrektur
1. Einzahlungen				
1.1 Begleichung von Forderungen aus Lieferungen und Leistungen				
1.2 Begleichung von Auslandsforderungen				
1.3 Barverkäufe				
1.4 Auflösung von Finanzinvestitionen				
1.5 Anlagenverkäufe				
1.6 Rückzahlungen				
1.7 Zinsen				
1.8 Beteiligungserträge				
1.9 Eigenkapitalerhöhungen				
1.10 Langfristige Kreditaufnahme				
1.11 Kurzfristige Kreditaufnahme				
1.12 Vorauszahlungen von Kunden				
1.13 Sonstige				
Summe 1. Einzahlungen				

Einnahmen	Zeitraum*			
	Vergleichsperiode	Planzahlen	Istzahlen	Plankorrektur
2. Forderungszugang				
2.1 Inlandsverkäufe				
2.2 Auslandsverkäufe				
2.3 Dienstleistungen				
2.4 Lizenzen, Sonstiges				
Summe 2. Forderungszugang				
3. Verbindlichkeitenabgang				
3.1 Planmäßige Kredittilgung				
3.1.1 Bank A				
3.1.2 Bank B				
3.2 Außerplanmäßige Tilgung				
3.3 Tilgung von Lieferantenkrediten				
3.4 Akzepteinlösung				
3.5 Sonstiges				
Summe 3. Verbindlichkeitenabgang				
Summe Einnahmen				

* Die Pläne können wochen-, monats- und quartalsweise sowie halbjährlich und jährlich erstellt werden.

Tabelle 4.4
Kurzfristiger Finanzplan – Ausgaben

Ausgaben	Zeitraum*			
	Vergleichsperiode	Planzahlen	Istzahlen	Plankorrektur
1. Auszahlungen				
1.1 Rohstoffe				
1.2 Betriebsstoffe				
1.3 Hilfsstoffe				
1.4 Fertigerzeugnisse				
1.5 Löhne				
1.6 Gehälter				
1.7 gesetzliche und freiwillige soziale Leistungen				
1.8 Fuhrpark				
1.9 Frachten				
1.10 Steuern und Abgaben				
1.11 Rechtsanwalt, Gericht, Steuerberatung				
1.12 Versicherungen				
1.13 Werbung				
1.14 Garantieleistungen				
1.15 Verkaufsbüro				
1.16 Kreditzinsen				

Ausgaben	Zeitraum*			
	Vergleichsperiode	Planzahlen	Istzahlen	Plankorrektur
1.17 Sachinvestitionen				
1.18 Finanzinvestitionen				
1.19 Voraus- und Restzahlungen				
1.20 Kredittilgung bei Banken				
1.21 Akzepteinlösung				
1.22 Tilgung von Lieferantenkredit				
1.23 Eigenkapitalverminderung				
1.24 Sonstiges				
Summe 1. Auszahlungen				
2. Forderungsabgang				
2.1 Begleichung von Forderungen aus Lieferungen und Leistungen				
2.2 Begleichung von Auslandsforderungen				
2.3 Begleichung von Dienstleistungen				
2.4 Forderungsausfälle				
2.5 Sonstiges				
Summe 2. Forderungsabgang				

3. Verbindlichkeitenzugang

3.1	Kauf von Produktionsfaktoren
3.2	Kreditaufnahme bei Banken
3.2.1	Langfristige Kredite
3.2.2	Kurzfristige Kredite
3.3	Wechselverbindlichkeiten
3.4	Gesellschafterdarlehen
3.5	Sonstiges
Summe 3. Verbindlichkeitenzugang	
Summe Ausgaben	

* Die Pläne können wochen-, monats- und quartalsweise sowie halbjährlich und jährlich erstellt werden.

Tabelle 4.5
Kurzfristiger Finanzplan – Saldierung

Position	Zeitraum* Vergleichs-periode	Plan-zahlen	Ist-zahlen	Plan-korrektur
Saldo Forderungs-bewegungen Kumuliert				
Saldo Verbindlichkeits-bewegungen Kumuliert				
Saldo Zahlungsdifferenz Kumuliert				
Saldo Finanzdifferenz Kumuliert				
Offene Kreditlinien				

* Die Pläne können wochen-, monats- und quartalsweise sowie halbjährlich und jährlich erstellt werden.

5. Unternehmens- und Unternehmerstrategien

von Dieter Flämig

5.1. Die Stunde der Unternehmer

Zwischen Kap Arkona und Fichtelberg stehen die Zeichen auf Gründung. Hunderttausende überlegen sich das Für und Wider einer selbständigen Existenz. Wohin soll der Zug gehen? Wo sind die Märkte der Zukunft? Bereits Nietzsche warnte: "Der Mensch muß zuerst ein Ziel haben, wenn ihm eine große Leistung gelingen soll."

Viele Politiker und potentielle Selbständige erwarten jetzt "die richtigen Rahmenbedingungen". Was aber ist das? Und: reicht das?

Einer der geistigen Wegbereiter der Marktwirtschaft, Adam Smith, hat 1776 in seinem großen Werk "Der Wohlstand der Nationen" bereits David Hume zitieren können, der geschrieben hatte: "Die Handwerke und Berufe in einem Staat sind zumeist so beschaffen, daß sie, während sie das Wohl der Allgemeinheit fördern, gleichzeitig den einzelnen Personen nützlich oder angenehm sind. In diesem Falle sollte für die Obrigkeit stets die Regel gelten, die Profession sich selbst zu überlassen und die Förderung jenen, die Nutzen daraus ziehen, vielleicht mit einer Ausnahme, nämlich dann, wenn ein Gewerbe gerade eingeführt wird."

Dieser wirtschaftspolitische Ansatz einer Hilfe zur Selbsthilfe und einer möglichst geringen Staatsintervention kann auch heute nur nützlich sein!

Aber letztlich wird das breite Erwachen des Mittelstandes zwischen Elbe und Oder-Neiße vom Engagement der Unternehmerpersönlichkeiten abhängen, die wissen, was sie wollen, und sich mit allen Konsequenzen "einbringen".

Die Betriebsforschung in Westeuropa hat längst gezeigt, daß "Rahmenbedingungen" zwar von entscheidender Bedeutung sind, aber den konkreten unternehmerischen Erfolg nur zu einem ziemlich begrenzten Teil mitbestimmen. Mittelständische Unternehmen, die in der Bundesrepublik Deutschland nicht überlebt haben, sind nicht in erster Linie an schlechter Konjunktur oder an den Steuer- und Soziallasten, also Rahmenbedingungen zugrundegegangen, sondern an Defiziten bei Betriebsführung, Absatz, Finanzierung und Betriebsstruktur.

5.2. Ihre persönlichen Stärkefelder

Wie bereits im Einführungskapitel von Siegfried Helias ausgeführt, ist die eigene Standortbestimmung äußerst wichtig. Sie ist Grundvoraussetzung für den unternehmerischen Erfolg. Deshalb sollten Sie zunächst die in der Tabelle 5.1 (siehe Seiten 106 – 107) angeführten Fragen beantworten.

5.3. Das marktwirtschaftliche Denken

Die soziale Marktwirtschaft findet heute bei den Sachsen, Thüringern, Berlin-Brandenburgern und Mecklenburgern im Grundsatz eine große Zustimmung. Die bisherige Diskussion über die sozialen Leistungen der Marktwirtschaft im Westen Deutschlands hat allerdings den eigentlichen marktwirtschaftlichen Denkansatz überstrahlt.

Die 660 Milliarden DM, die allein in der "alten" Bundesrepublik für die 23 Knoten des sozialen Netzes jährlich ausgegeben wurden, lassen mitunter die anderen Zusammenhänge vergessen.

Vor über 40 Jahren hat Ludwig Erhard, der Vater der deutschen Sozialen Marktwirtschaft einen zentralen Satz gesagt: "Demokratie und freie Wirtschaft gehören logisch ebenso zusammen wie Diktatur und Staatswirtschaft."

Soziale Marktwirtschaft hat nicht nur etwas mit höheren Löhnen, besseren Einkaufsmöglichkeiten, mit sozialem oder materiellem Wohlstand insgesamt zu tun. Sie schafft auch Räume für mehr Freiheit und Selbstentfaltung. Freie Konsumwahl, freie Berufswahl, Privateigentum als Schutz vor Abhängigkeit, Vertragsfreiheit und Tarifautonomie sind wichtige Eckpfeiler einer demokratischen, freiheitlichen Gesellschaft. Wer sich in einer derartigen Wirtschafts- und Gesellschafts-

Tabelle 5.1
Fragen zu Ihren Stärkefeldern

Persönliche Stärkefelder	Fragestellungen
1. Selbstbestimmung	Was kann ich alles bieten?
2. Stärkebestimmung	Was davon kann ich besonders gut?
3. Chancenbestimmung	Welches Problem kann ich damit lösen?
4. Zielgruppenbestimmung	Wer alles hat diese Probleme?
5. Zielgruppenauswahl	Zu welcher Zielgruppe paßt mein Angebot?

6. Differenzierung der Zielgruppe	Welches sind die Teilzielgruppen-Probleme?
7. Profilierung	Wie profiliere ich mich als Problemlöser?
8. Engpaßanalyse	Wo liegt der strategisch wirkungsvollste Punkt?
9. Soziale Spezialisierung	Welches ist die soziale Grundaufgabe?
10. Strategiebestimmung	Wodurch unterscheide ich mich von anderen?

ordnung engagiert, muß wissen, daß größere Freiheit auch mehr Verantwortung für den Einzelnen mit sich bringt. Und wer das Grundrecht auf freie wirtschaftliche Betätigung als wirtschaftlich Selbständiger realisiert, der ist sogar in einer besonders großen Verantwortung. Da geht es um Arbeitsplätze und menschliche Schicksale, die vom Unternehmer abhängig sind. Ebenso gilt es, moralische Grundsätze im Geschäftsleben zu wahren.
Es ist eine permanente Aufgabe des Unternehmers, sein strategisches und tägliches Handeln darauf auszurichten, den Mitmenschen seine gesellschaftliche Bedeutung dauerhaft und angemessen schätzen zu lassen.
Auch wenn der Zusammenbruch des Sozialismus in Mittel- und Osteuropa die stärkere Lebensfähigkeit der Marktwirtschaft und des Unternehmertums manifestiert hat, muß der Unternehmer sich auch in Zukunft seiner herausgehobenen Rolle und der daran geknüpften Verantwortung – schon im eigenen Interesse – bewußt sein.
Aber natürlich geht es auch um ein erforderliches marktwirtschaftliches Denken engerer Art. Die Märkte sind die Ohren und die Lebensbrunnen des Unternehmers. Sie sind wie eine tägliche Meinungsumfrage, aus der der Unternehmer für seine Arbeit Nutzen ziehen kann und muß. Was wird gekauft? Was nicht? Wo kommt es auf das Sortiment an? Wo liegt es an der Qualität? Wo ist der Preis zu hoch oder zu niedrig?
Derartige Marktinformationen müssen so klar und eindeutig wie möglich zur Verfügung stehen. Deshalb sind echte, ehrliche Marktpreise so wichtig! Nur so kann der Unternehmer wissen, ob er im Wettbewerb der Anbieter mithalten kann oder soll. Aber auch die Arbeitnehmerseite kann nur auf diese Weise verläßlich einstufen, ob ihre Lohnvorstellungen Arbeitskosten bedeuten, die noch auf den Absatzmärkten zu verdienen sind oder nicht.
Alle Strategien des Unternehmens und des Unternehmers müssen sich am Markt bewähren; dieser bestraft oder belohnt.

Marktwirtschaftliches Denken, das sich in dieser Art am gesellschaftlichen Umfeld und den Markt-Signalen konsequent orientiert, ist eine wesentliche Voraussetzung für einen stabilen unternehmerischen Erfolg.

5.4. Die wichtigsten Unternehmensziele

"In marktwirtschaftlichen Systemen sind die Unternehmungen innerhalb der gesetzlichen Grenzen grundsätzlich autonom bei der Festlegung ihrer Ziele."Zwei klare Ziele aber sind die Grundlage für gute Strategien: "Wer vom Ziel nichts weiß, kann den Weg nicht haben." (Morgenstern)
Aus der Vielfalt möglicher Ziele kristallisieren sich drei Ziele heraus, die der Unternehmer **auf keinen Fall** aus den Augen verlieren darf:

- das **Gewinnstreben**, wobei Gewinne die Belohnung des Marktes für ein gutes Angebot sind,
- das **Wirtschaftlichkeitsstreben**, das die beste Vorsorge gegen die Verschwendung von Gütern und gegen überflüssigen Arbeitseinsatz ist,
- das **Sicherheitsstreben**, das Unternehmertum mit Sicherheit nicht zu Abenteuertum werden läßt.

a) Gewinnstreben.
Ein entscheidender Leitstern für erfolgsorientiertes unternehmerisches Handeln ist das **erwerbswirtschaftliche Prinzip**. Es steht für das Ziel, daß Einkommen für jene Haushalte zu erwirtschaften ist, die das erforderliche Eigenkapital bereitstellen. Das erwerbswirtschaftliche Prinzip findet seinen Niederschlag im Gewinnstreben (positive Differenz aus Leistung und Kosten), das aufgeschlüsselt werden kann in eine Vielzahl unterschiedlicher Gewinnziele (zum Beispiel absoluter Gewinn in Kapitalgewinn, pagatorischer Gewinn, kalkulatorischer Gewinn **oder** relativer Gewinn bzw. Rentabilität).
Setzt man Formen des absoluten Gewinns zum eingesetzten Kapital ins Verhältnis, kann man die Gesamt- und Eigenkapi-

talsrentabilität erhalten, die zwei relative Gewinngrößen und zugleich Bestandteile des Rentabilitätsstrebens sind:

- Gesamtkapitalrentabilität = Kapitalgewinn: Gesamtkapital
- Eigenkapitalrentabilität = pagatorischer Gewinn: Eigenkapital (pagatorischer Gewinn = Kapitalgewinn, abzüglich Fremdkapitalzinsen, wobei im Überbegriff "Kapitalgewinn" Zinsen jeglicher Art enthalten sind).

b) Wirtschaftlichkeitsstreben

Das Wirtschaftlichkeitsstreben hat für die Erreichung des Gewinnziels auf allen Betriebsebenen eine dienende Schlüsselfunktion. Es ist ein Ausdruck für das **ökonomische Prinzip** oder das Rationalprinzip, das eine der großen Zauberformeln des erfolgreichen Wirtschaftens ist.

Das Rationalprinzip verlangt, daß bestimmte Ziele mit möglichst geringem Mitteleinsatz erreicht werden, oder daß bei einem feststehenden Mitteleinsatz der Grad der Zielerreichung zu maximieren ist. In diesem Sinne fordert das Wirtschaftlichkeitsprinzip bei der betrieblichen Leistungserstellung und -verwertung eine **möglichst sparsame Verwendung der verfügbaren Mittel**.

Das heißt, daß das Verhältnis von Output (die zu **Ertrag** führende Unternehmensleistung) zu Input (der **Aufwand** an Arbeitsleistungen, Rohstoffen, Maschinen, Informationen und Geld) zu maximieren ist.

Das Streben nach **Produktivität** ist eine mengenmäßige Ausprägung des Wirtschaftlichkeitsprinzips. Produktivität ist das Verhältnis zwischen Faktorertrags- und Faktoreinsatzmenge (siehe zum Beispiel Arbeit, Kapital). Die Einsatzgrößen bzw. Faktoren sind allerdings nur selten dimensionsgleich, so daß Produktivitätskennzahlen (zum Beispiel Arbeitsproduktivität) nur für Teilbereiche gebildet werden können. Wichtig ist, daß die Einschätzung von Produktivität im Zusammenhang erfolgt. Wer zum Beispiel automatisiert, der steigert im Normalfall zwar die Arbeitsproduktivität, verringert aber die Kapitalproduktivität.

Die Lösung für eine zusammenhängende Betrachtung bietet die Kostenwirtschaftlichkeit, nach der die Ergebnisse des betrieblichen Leistungsprozesses mit möglichst geringen Kosten zu erzielen sind und bei der über Kosten bzw. Preise ein einheitlicher, den Vergleich ermöglichender Maßstab verwendet wird. Wirtschaftlichkeitsstreben und seriöse Kostenrechnung gehören also eng zusammen!

c) Sicherheitsstreben

Das Sicherheitsstreben richtet sich an zwei Hauptzielen aus:

- die Leistungskraft des Betriebes zu erhalten,
- die Liquidität des Unternehmens zu sichern.

Die Erhaltung der Leistungskraft muß sich natürlich auch an meßbaren Größen orientieren. Dazu zählt zum Beispiel der nominelle Geldeinsatz oder die Produktionskapazität. Der weitsichtige Unternehmer wird darauf achten, daß seine Kapitalerhaltung substantiell ist und Schritt hält mit Wirtschaftswachstum, Konkurrenz und technischem Fortschritt. Denn auch hier gilt: "Stillstand ist Rückschritt."

Die Sicherung der Liquidität ist identisch mit dem Streben, zu jedem Zeitpunkt die eigene Betriebswirtschaft im finanziellen Gleichgewicht zu halten. Sie ist es dann, wenn sie den fälligen Zahlungsverpflichtungen stets uneingeschränkt nachkommen kann. Die zu leistenden Ausgaben dürfen also nicht größer sein als die zu demselben Zeitpunkt vorhandenen Einnahmen und Bestände an Zahlungsmitteln. Das ist übrigens nicht nur eine Frage kurzfristiger Art. Stimmt das Verhältnis von Eigenkapital und Fremdkapital nicht, oder werden langfristige Investitionen mit kurzfristigen Mitteln finanziert, dann stellt sich das Liquiditätsproblem zumeist nicht sofort, aber häufig später mit allen bitteren Konsequenzen.

d) Ausgewogenheit

Der Unternehmer sollte sich von Anfang an überlegen, wie er Gewinnstreben, Wirtschaftlichkeits- und Sicherheitsstreben immer ausreichend und ausgewogen berücksichtigt:

- durch Rentabilitätsrechnungen und Renditevergleiche,
- durch partielle Produktivitätskennzahlen und eine kontinuierliche Kostenwirtschaftlichkeitsbetrachtung,
- durch den Einsatz der verschiedenen Finanzierungsregeln und die Einrichtung einer ausreichenden Liquiditätsreserve.

Ein **Beispiel** zur Vorsicht:
Wer heute in den "neuen" Bundesländern mit hohen und steigenden Gewinnen rechnen kann, ist versucht, viel Fremdkapital aufzunehmen, solange die Fremdkapitalkosten geringer sind als der durch den Fremdkapitaleinsatz erzielte pagatorische Gewinn (Gewinn nach Abzug der Fremdkapitalzinsen). In diesem Fall wird eine **günstigere Unternehmer-Rendite** erzielt, das heißt eine überproportionale Zunahme der Eigenkapitalrentabilität infolge des Fremdkapitaleinsatzes. Dieses "fremdes Kapital für sich arbeiten lassen", ist zunächst völlig im Sinne des Gewinnstrebens. Nur besteht immer die Gefahr, daß die Konjunktur nachläßt bzw. zu viele Mitbewerber durch die attraktiven Renditeaussichten herausgefordert werden. Bei rückläufigen Gewinnen können dann die fixen Kosten des Fremdkapitals (Zinsen und Tilgung) schnell zu einer überproportionalen Abnahme der Rendite des Eigenkapitals führen. Wer sich sehr hoch verschuldet hat, kann sogar dieserart in die Lage geraten, daß die Fremdkapitalverpflichtungen seine Gewinne und sogar **sein Eigenkapital ganz "auffressen"** (vgl. Abschnitt 4.4.).
Gewinn- und Sicherheitsstreben sind hier gleichermaßen gefordert. Dauerhaft erfolgreiches Unternehmertum und "schnelle DM" passen eben nur wenig zusammen!

5.5. Die bekannten Fehler möglichst vermeiden

Der angehende Unternehmer muß sich in allen Bereichen die Frage stellen: Wie kann ich Fehler vermeiden, die meinen unternehmerischen Erfolg beeinträchtigen oder seiner Errei-

chung gar entgegenstehen? Für derartige Vermeidungsstrategien hat in der Bundesrepublik Deutschland die Insolvenzforschung in den letzten drei Jahrzehnten wichtige Erkenntnisse erarbeitet. Es gibt dort mittlerweile eine Fülle von ausgewerteten Erfahrungen mit Firmenzusammenbrüchen im Mittelstand, die jetzt bei der Entwicklung einer mittelständischen Wirtschaft auf dem Gebiet der ehemaligen DDR als Orientierungshilfe nützlich sein können.
Der einzelne Unternehmer kann mit diesem Know-how sein marktwirtschaftliches Engagement besser mit systematisierter Vorsicht verbinden.
Im Regelfall werden bei den Gefahrenquellen drei Zentralbereiche unterschieden:

- der innerbetriebliche Bereich,
- der zwischenbetriebliche Bereich,
- der überbetriebliche Bereich.

Wir beschränken uns hier weitgehend auf konkrete und vielfach gemachte Erfahrungen des innerbetrieblichen Bereichs.

5.6. Die Gefahrenquellen

a) Betriebsführung
Ungenügende Führungskenntnissse, Charaktermängel und mangelnde Routine spielen bei Erfolg und Mißerfolg von Unternehmern eine große Rolle. Etwa 30 Prozent der Betriebe, die in der Bundesrepublik aufgeben mußten, wurden vorrangig Opfer schlechter Unternehmerqualifikationen. Meist kam ein unzureichender Informationsstand über Märkte und Möglichkeiten dazu. Wenn sich dagegen Führungsqualitäten und ein leistungsfähiges Informationssystem ergänzen, dann ist Ihnen der unternehmerische Erfolg so gut wie sicher.
Einige Erkenntnisse zum Thema “vermeidbare Fehler”:

- Handwerklich ausgebildete Unternehmer, denen kaufmännische Kenntnisse weitgehend fehlen, sollten auch in

Zeiten der Hochkonjunktur **nur nach guter Vorbereitung** Handelsbetriebe gründen.
- Der gute Handwerker muß neben der Produktionsseite sich **auch um den kaufmännischen Bereich** kümmern.
- Unternehmer sollten sich vor einem unverhältnismäßig **hohen Lebensaufwand hüten**. Aufwendige Autos, Hobbys und Häuser können schnell die Ertragskraft des Unternehmens übersteigen.
- Wer Mitarbeiter erfolgreich führen will, darf den **Betrieb nicht vernachlässigen**, unstetig arbeiten oder das Unternehmen mit privaten Angelegenheiten durcheinanderbringen.
- Eine **übersteigerte Bereitschaft zum Risiko** und ein zu stark ausgeprägtes Streben nach Gewinn sind schon vielen schlecht bekommen, der "richtige" Unternehmer dagegen geht zielstrebig und überlegt vor.

b) Betriebsstruktur

Die Betriebsstruktur, zu der unter anderem Fragestellungen der Rechtsform, der Kapitalausstattung, des Wirtschaftsbereichs, der Branche und des Standorts gehören, hat gleichfalls eine große Bedeutung für die Zukunft eines Unternehmens.

Angesichts der Krediteuphorie, die in Gründerzeiten immer ausbricht, muß auch hier darauf hingewiesen werden, daß gerade die Kapitalfrage mit Behutsamkeit angegangen werden muß.

Auf folgende Erfahrungen möchten wir hinweisen:

- Betriebe müssen eine **Mindestausstattung an Eigenkapital** sicherstellen. Dem Umsatzvolumen muß ein ausreichender Substanzwert gegenüberstehen (vgl. auch Tabelle 4.1).
- Vorsorgende Überlegungen zu **Liquiditätsdeckungsgraden** und Mindestkapitalbeständen sind notwendig. Das bewahrt sie davor als reuiger Sünder dazustehen.
- **Persönliche Differenzen** zwischen Unternehmern und

Familienangehörigen können schwer schaden. Klare und rechtzeitige Entscheidungen und Regelungen sind hier hilfreich.

- Standorte müssen **gut ausgewählt** werden.
- Wer große Geschäftsflächen anmietet, muß auch genau wissen, ob Rentabilität und Kapazitätsauslastung ausreichen werden, um sie **solide zu finanzieren**.
- Handwerker müssen aufpassen, daß sie sich **nicht** mit einem wirtschaftlich stärkeren Partner **zu eng** verbinden, der dann letztlich allein über die Zukunft des Betriebes entscheidet.
- **"Wachstumsfetischismus"** und **"Umsatzhörigkeit"** sind **gefährlich**. Wenn ein Unternehmen sich künstlich aufbläht und nicht gesund wächst, dann ist es anfällig, Konjunkturprobleme und Forderungsausfälle führen so schnell zur Existenzfrage.

c) Beschaffung

Das Beschaffungsproblem war eines der größten Probleme in der bisherigen DDR-Wirtschaft. Unter den neuen Bedingungen, so signalisieren es die westlichen Untersuchungen, ist das nicht zu erwarten.

Aber auch hier gibt es einige aufschlußreiche Erfahrungen:

- Vermeintlich ausgezeichnete **Einkaufskonditionen**, Sonderangebote u. ä. verführen Betriebe dazu, "günstige" Zulieferer zu wählen. Solche Angebote sind **mit Vorsicht** zu prüfen, denn zu "exotische" Zulieferer können später ausfallen, mindere Qualität liefern oder mit unkorrekten Methoden operieren.
- Moderne Betriebe brauchen eine übersichtliche und **systematische Lagerhaltung**. Es geht nicht mehr, daß die Lagerbestände nur einmal im Jahr durch eine mühselige Inventur festgestellt werden und der Betrieb ansonsten zum Jahresbeginn zu einem langen "Blindflug" ansetzt. Fehlbestellungen oder nicht rechtzeitige Bestellungen können vermieden werden durch eine fortlaufende, be-

triebswirtschaftlich abgesicherte Bestandsinventarisierung.

- Zu hohe Lagervorräte sind **"totes Kapital"**, das an anderer Stelle fehlen kann. Kommt noch unsachgemäße Lagerung hinzu, dann führt das schnell zu Wertminderung und Kapitalzerstörung.
- Gerade Einzelhändler müssen sich davor hüten, daß sie ihren Lagerbestand mit völlig unverkäuflichen **Ladenhütern** belasten. Werden diese auch noch zum ursprünglichen Preis ohne Abschreibungen in die Bilanz aufgenommen, dann kann diese Lagerhaltung zur Falle werden.
- Eine **zu starke Abhängigkeit von Lieferanten** sollte vermieden werden; nicht nur wegen der Gefahr von "Infektionskonkursen" (eigener Zusammenbruch durch Insolvenz des Lieferanten), sondern um eine einseitige, verschärfende und nicht abfangbare Veränderung der Liefermodalitäten möglichst zu verhindern. Forderungen nach Mindestabnahmemengen, (teilweise sogar bewußte) Lieferungsverzögerungen oder die Aufkündigung von Lieferantenkrediten können folgenschwer sein.
  Unternehmer sind gut beraten, wenn sie die kostspieligen **Lieferantenkredite** im Regelfall **vermeiden** und lieber die Skontoerträge für unverzügliche Barzahlung für sich geltend machen.

d) Betriebsleistung

Zur Betriebsleistung gehören die Leistungserstellung und die Leistungsbereitschaft. Die mit der Leistungsbereitschaft verbundenen Faktoren sind u. a. Räume, Waren, Arbeitspersonen, Sachmittel, Werkstoffe. Werden sie nicht rechtzeitig für die Leistungserstellung bereitgestellt, dann gibt es Schwierigkeiten.

Ein zentrales Problem bei der Betriebsleistung ist das betriebliche Kapazitätsproblem.

Insgesamt sind unzureichend gelöste Fragen der Betriebsleistung bei über 50 Prozent der Betriebe, die zumachen mußten, von dafür entscheidender Bedeutung gewesen.

Folgende Erfahrungen sind wichtig:

- In Industrie, Handwerk und Dienstleistung müssen vor allem bei Nachfragerückgängen **Mißverhältnisse** von vorhandenem zu benötigtem Personal (aber auch Sachanlagen) beachtet und **vermieden werden**. Die geringere Auslastung der Kapazitäten führt sonst über die Aufteilung der Fixkosten auf die kleineren Stückzahlen zu Marktpreisen, die nicht mehr absatzfähig sind. Bei festen Absatzpreisen muß wiederum damit gerechnet werden, daß die Kosten über den Preisen liegen können.
- Der Handel muß in solchen Fällen darauf achten, daß Sortimente, Flächen und Ladenausstattung nicht überdimensioniert sind und hinsichtlich ihrer Qualitäten nicht unüberprüft bleiben. Wer seine Ladenfläche ausweiten will, muß immer einkalkulieren, daß seine Konkurrenten es auch tun. Er ist **besonders gefährdet**, wenn diese Überkapazitäten mit **kurzfristigen Krediten** finanziert worden waren.
- Eine große **Gefahr** stellen die unrationelle Leistungserstellung und der **Einsatz überalterter Anlagen** dar. Das Setzen auf überkommene, alte Arbeitsweisen ist stets kostenträchtig.

  Ältere Maschinen arbeiten weniger rationell, laufen langsamer. Sie sind oft nicht hinreichend präzise. Höhere Ausschußquoten und zunehmende Reklamationen sind in diesem Fall eine unabweisliche Folge. Alte Anlagen binden im Vergleich zu modernen zudem erheblich mehr und oft sehr qualifizierte Arbeitskräfte. Wer Rationalisierungen unterläßt, verzichtet auf Kostensenkungen unterschiedlichster Art und schwächt seine Wettbewerbsposition! Zwar wird es in den "neuen" Bundesländern durch die im Vergleich zu westlichen Anbietern niedrigeren Löhne vorübergehend möglich sein, auch mit älteren Technologiegenerationen die Märkte zu beliefern. Auf keinen Fall darf man sich aber darauf mittelfristig verlassen. Es handelt sich hier nur um eine Atempause, die mit steigenden

Löhnen und angesichts des allgemeinen Strukturwandels kürzer sein wird, als mancher möglicherweise erwartet.

- Durch **sachgemäßen Personaleinsatz** können kapazitätsabhängige, kostenproduzierende Personalprobleme überall zumindest teilweise beseitigt werden.
- Es ist auch dafür Sorge zu tragen, daß beim Auftreten von Kapazitätsengpässen nicht sofort zusätzliche Investitionen getätigt werden. Oft sind noch **genügend Leistungsreserven** vorhanden. Systematische Kontrollen gerade im technischen Bereich über Kennziffern wie "Lastengrad" oder "Werkstoffumsatzgrad" oder "Betrieblicher Nutzungshauptgrad" können die notwendige Transparenz ins Unternehmensgeschehen bringen.

e) Absatz

Der Absatz könnte wegen seiner direkt marktorientierten Funktion auch an der ersten Stelle einer solchen Auflistung stehen.

Zwei Drittel der Betriebe, die in der Bundesrepublik aufgeben mußten, hatten Absatzprobleme. Im Grunde aber ist der Markt für alle Betriebe die zentrale Aufgabe; wo sonst sollen sie ihre Angebote verkaufen?

Die Maßgaben des Marktes müssen erkannt und berücksichtigt werden, sonst geht es abwärts. Die Untersuchungen des Absatzbereiches zeigen unmißverständlich, daß auch Fehleinschätzungen des Marktes eine besonders ausschlaggebende Insolvenzursache darstellen. Doch es geht nicht nur um eine reine Absatzproblematik. Eine schlechte Betriebsführung reduziert das Angebotspotential eines Unternehmens mitunter beträchtlich. Wer schlecht führt, verursacht höhere Kosten und wird durch sein Falschmanagement kaum alle Termine halten können. Das alles belastet die Stellung am Markt!

Absatz-Erfahrungen, von denen man lernen kann:

- Auf die Dauer tödlich ist es, wenn ein Betrieb längerfristig auf **absatzvorbereitende Tätigkeiten** (Akquisition) verzichtet. Die systematische und regelmäßige Erkundung der Absatzmärkte kann durch intuitives Urteilsvermögen nicht ersetzt werden. Auch der mittelständische Betrieb muß von einer Unternehmensführung geleitet werden, bei der die Absatzorientierung die Beschaffungs- und Produktionsorientierung abgelöst bzw. konsequent ergänzt hat.

- Die **Preisgestaltung** muß mit **äußerster Vorsicht** erfolgen. Eine falsche Preis- und Rabattpolitik kann zu erheblichen Umsatzeinbußen führen, wenn zum Beispiel der beteiligte Handel keine ausreichenden Vertriebsanreize mehr hat. Verzögerungen der Lieferzeiten, ungenügender Kundendienst schaffen schnell Probleme. Eine unrealistische oder unseriöse Kundendienst- und Garantiepolitik können den Abnehmer leicht so verärgern, daß er abspringt. Das gesamte Marketing-Mix verlangt die volle Aufmerksamkeit des Chefs!
- Alle Betriebe, insbesondere aber Großhändler, sind gut beraten, wenn sie im Rahmen ihrer Serviceaufgaben die gestiegene **Erklärungsbedürftigkeit** ihrer Produkte angemessen berücksichtigen. Manche Neuerung findet sonst keinen Absatz.
- Der Unternehmer muß sich auch regelmäßig Gedanken über die Zusammensetzung seines Abnehmerkreises machen. Eine **zu hohe Abhängigkeit** von einem Abnehmer oder eine zu einseitige Ausrichtung der angebotenen Leistungen bergen ein erhebliches Risiko in sich. Plötzliche Nachfragerückgänge, zunehmende – eventuell "künstliche" – Reklamationstätigkeit, aber auch die Gefahr von "Infektionskonkursen" können bei zu großer Anbindung in die Krise führen. Ein mittelständisches Unternehmen sollte **mindestens** auf 3 bis 4 größeren "Auftragsbeinen" stehen.

f) Finanzierung

Die zielgerechte Steuerung und Kontrolle des geldwirtschaftlichen Bereichs erfordert eine Fülle von Tätigkeiten, die hier mit "Finanzierung" umschrieben sind. Weil auch in einem Unternehmen alle Dinge irgendwie zusammenhängen, werden nachfolgend einige Erfahrungen aufgeführt, die vorstehend bereits – wenn auch mit einem anderen Bezug – thematisiert wurden.

Gerade diese Gefahrenquellen sind aber besonders beachtenswert:

- 80 Prozent der Betriebe, die schließen mußten, hatten akute Finanzierungsprobleme, jedes zweite dieser Unternehmen aufgrund einer **unzureichenden Eigenkapitalausstattung**. Bei schlechter Konjunkturlage führte dieses Manko vielfach zum Exitus. Man muß sich insbesondere im schnell expandierenden Dienstleistungssektor davor hüten, daß ein ständig steigender Kapitalbedarf nicht zu unvorsichtiger Finanzierung verführt.
- Falsche Fristigkeiten, Nichtbeachtung von Finanzierungsgrundsätzen bzw. -regeln, riskante Finanzierungen und ungenügende Finanzplanung können zu ähnlich großem Schaden führen. Oft wird gerade in Notzeiten auf teure und teilweise unsolide Finanzierungsquellen zurückgegriffen, die den Sterbeprozeß aber nur verlängern, wenn die eigentlichen Verlustquellen nicht beseitigt werden können. In kurzer Zeit wird die Gesamtliquidität dadurch sogar noch mehr belastet.
- Die Finanzierung **langfristiger** Vermögensteile mit **kurzfristigen** Fremdmitteln wird von den erfahrenen Experten immer wieder als gefährlich hervorgehoben.
- **Fehlinvestitionen** können umgehend zu bedrohlichen Kapitalbindungsproblemen führen, insbesondere wenn dabei Fremdkapital eingesetzt wurde, das zurückzuzahlen und zu verzinsen ist. Der Unternehmer muß deshalb bei der Einschätzung aktueller bzw. künftiger marktlicher und

betrieblicher Entwicklungen und Voraussetzungen darum bemüht sein, so nüchtern und **realistisch** wie nur möglich seine Investitionen zu kalkulieren.

- Die **private Entnahme** finanzieller Mittel führte ebenfalls häufig zum Finanzkollaps, wenn der Unternehmer das richtige Maß nicht berücksichtigt hatte.

g) Verwaltungs- und Personalwesen

Der unternehmerische Erfolg hängt zu einem großen Teil vom "Personal" ab; ("Personal ist das größte Kapital"). Dennoch zeigen die Erfahrungen, daß Firmenzusammenbrüche im Durchschnitt nur zu einem kleineren Teil auf Probleme in diesem Bereich zurückzuführen waren (etwa 25 Prozent). Die Mitarbeiter sind also besser als ihr Ruf!

Interessante Ergebnisse sind:

- Die Personalkostenbelastung spielte in diesem Rahmen die größte Rolle, insbesondere in zweierlei Hinsicht: Zum einen standen das erforderliche Leistungspotential und die Zahl der Mitarbeiter in **keinem sinnvollen Zusammenhang** mehr zueinander. Trotz fehlender Arbeit wurden überlebenswichtige Entlassungen aus Angst vor Ärger vermieden.

  Zum anderen waren **zu hohe Löhne**, die sich in keinem Verhältnis zu den branchenüblichen Entgelten befanden, gleichfalls Ursache des betrieblichen Endes.
- **Mangelnde Qualifikation** von Mitarbeitern hatte in zahlreichen Fällen – vor allem im Handel – ebenfalls schlimme Folgen. Wenn ein kleiner Fertigungsbetrieb zum Beispiel einen hochqualifizierten Werkzeugmacher verliert und keinen gleichwertigen Ersatz bekommt, kann er sich aber an einem Großauftrag gleichfalls "verheben". Der Abgang wichtiger Personen muß in diesem Kontext als Dauergefahr gesehen und angemessen berücksichtigt werden.
- Ein **zu großer Büro- bzw. Verwaltungsaufwand**, manchmal aufrechterhalten, um den Eindruck von Geschäftigkeit und Erfolg nach außen zu vermitteln, kann auch sehr

schädlich sein. Er ist zwar kaum eine Hauptursache, aber häufig ein Mitverursacher für Insolvenzen.

h) Rechnungswesen

Das Rechnungswesen hat zwar nur eine Hilfsfunktion für den Betrieb, ist aber als Informations- und Kontrollinstrument sehr hoch einzuordnen.

Kostenrechnung, Planungsrechnung, Buchhaltung und Betriebsstatistik müssen sorgfältig betrieben und für die Führungsentscheidung kontinuierlich genutzt werden.

Viele Betriebe haben das nicht immer ausreichend vollzogen. Beispiele für Fehler, die im Rechnungswesen gemacht wurden:

- Ein **unübersichtliches Belegsystem** und entscheidende Mängel in der Debitorenbuchhaltung können teuer werden. Ein schlecht organisiertes Mahnwesen kann teilweise zu beträchtlichen Forderungsverlusten führen.
- **Unsachgemäße Kontenpläne** und die Vernachlässigung von Nebenbuchhaltungen sind gleichfalls nicht zu unterschätzen.
- Wenn eine **Rechnungslegung** vollkommen **fehlt**, dann spielt man besonders mit der betrieblichen Existenz. Im Einzelhandel verbirgt sich gerade hier eine sehr ernstzunehmende Insolvenzquelle.
- Nicht zuletzt **Kalkulationsprobleme** können ein dramatisches Nachspiel haben. Wichtige Stichworte sind
  - keine verursachungsgemäße Kostenermittlung,
  - unzureichende Berücksichtigung von Kosten und Leistungen in der Kalkulation,
  - mangelnde Vor- und Nachkalkulation,
  - keine ausreichend kalkulationsgerechte Preisgestaltung,
  - fehlende Rücksichtnahme auf die Kostenwirksamkeit von Steuern.
- Wenn die Gesamtplanung des Unternehmens auf **fehlerhaften Kostensätzen** aufbaut, dann ist Gefahr im Verzug.

Betriebliche Kostenrechnungssysteme müssen deshalb solide entwickelt und eingesetzt werden; Fehlplanungen sind so zwar nicht auszuschließen, werden aber seltener.

- Auch **verspätete Rechnungslegung** und die Verwendung **unrationeller Buchungstechniken** können größere Schwierigkeiten bereiten.

Viele Unternehmer sehen fälschlicherweise das Rechnungswesen als ein Instrument an, durch das Steuerzahlungen hinausgeschoben werden können, Zinsen gespart und liquide Mittel länger im Unternehmen gehalten werden können. Sie nehmen in Kauf, daß sie die wirtschaftliche Situation ihres Unternehmens auf diese Art nicht zuverlässig genug beobachten können. Wenn sie dann schließlich Bescheid wissen, kann es für das betriebliche Überleben möglicherweise schon zu spät sein.

5.7. Der Erfolg durch eine persönliche Strategie

Wer ein Unternehmen erfolgreich aufbauen und führen will, muß zunächst bei sich selbst anfangen. Das beste Know-how ist nicht viel wert, wenn die Unternehmerpersönlichkeit nicht ausreicht oder noch nicht entwickelt ist. Natürlich kann nicht alles antrainiert werden, bestimmte Voraussetzungen wie ausreichende Intelligenz und vorhandener Leistungswille müssen schon als frühes Startkapital eingebracht werden. Aber dennoch: Wer an sich systematisch arbeitet, kann den Erfolg zwar nicht erzwingen, aber zumindest im Ansatz sicherstellen oder beschleunigen.

Einige Regeln für den persönlichen Erfolg verdienen Beachtung:

- **Wer für sich klare Ziele setzt, Pläne macht, Strategien entwickelt und verwirklicht, ist erfolgreicher.** "Verlierer" dagegen lassen sich lieber lenken.
  Wer die Schrittfolgen zum eigenen Ziel ganz durchdacht hat, hat sogar einen besonderen Vorsprung!

Erfolgreiche Persönlichkeiten haben meist ein sehr deutliches Bild von ihren Begabungen, Vorstellungen und Wünschen, auch von dem Wert und dem Nutzen, den sie ihrer Umwelt bieten können und wollen. Wer Nutzen bietet, kann in einer Gesellschaft auch Nutzen erhalten. Der Erfolgsmensch ist auch in schwierigen Situationen optimistisch, ist diszipliniert und verfügt über eine starke innere Einsatzbereitschaft. Er verbindet Begeisterungsfähigkeit mit sozialem Bewußtsein und ethischem Empfinden.

- **Wer eine richtige Selbstorganisation hat, gewinnt Zeit.**
  Ein großer Teil unserer Zeit kann schnell mit unstrukturierten Tätigkeiten verloren werden. Spontane Eingebungen und äußere Einflüsse sind eine ständige Versuchung, unser tägliches Handlungskonzept "über den Haufen zu werfen". Der erfolgreiche Unternehmer hat aber seine Arbeit so organisiert, daß er Zeit für das Wesentliche hat und sich Arbeitsüberlastung durch Nebensachen erspart. Wer sich Zeit für Wichtiges konsequent freiräumt, fühlt sich auch wohler. Der amerikanische Zeitfachmann Alan Lakein: "Genutzte Zeit ist erfülltes Leben!". Mit Arbeitstechniken und Zeitplanungsmethoden kann dem Zeitübel entgegengearbeitet werden. Das ist jedoch vielfach nur möglich, wenn der "innere Schweinehund" überwunden und das weise Motto "Ordnung ist das halbe Leben" im richtig verstandenen Sinne beständig gelebt wird.
- **Wer an sich glaubt, sich fordert und seine Kräfte konzentriert, erreicht mehr.**
  Wir alle nutzen nur einen geringen Prozentsatz unserer persönlichen Fähigkeiten. Das hängt oft mit mangelndem Selbstvertrauen zusammen und damit, daß wir das Spektrum unserer wirklichen Fähigkeiten nicht ausreichend ausgeleuchtet und konzentriert erschlossen haben. Der Unternehmensberater Kurt Nagel unterstreicht auch diese Dimension: "Ein Unternehmen funktioniert nicht mehr nur aus wirtschaftlichen Interessen; seine Stärke beruht auf

den breitgefächerten menschlichen Werten wie Anerkennung der Leistung, Wertschätzung, Zusammenarbeit und gegenseitige Achtung."

Der Unternehmer muß bei sich und anderen also Fähigkeiten aktivieren:

- durch innere Konzentration und Festigkeit und mit dem starken Willen, sich weiterzuentwickeln,
- mit einer schonungslosen Kenntnis seiner Schwachstellen und einem Bewußtsein für seine größten Gaben,
- mit einer menschlichen Betriebsführung, die die Mitarbeiter so einbindet, daß sie sich an ihrer Leistung und ihren Ergebnissen freuen und in ihrem Unternehmen zufrieden sind.

- **Wer Informationen gut nutzen kann und zu kommunizieren versteht, hat bessere Chancen.**

Zum weiteren Erschließen der eigenen Talente gehört die persönliche Aufnahme- und Lernfähigkeit. Unser Denkvermögen läßt sich trainieren und darf nicht "rosten". Das Gehirn ist wie ein Muskel, der Übung braucht. Deshalb sollte man sich immer wieder herausfordern: durch das Erlernen von Sprachen oder durch die ständige Auseinandersetzung mit neuestem Know-how. Wer das Moderne schon geistig eingeordnet hat, sieht der Zukunft mutiger entgegen.

Informationsanalyse, -verarbeitung und -auswertung können heute durch den Computer stark erleichtert werden und auf besonders hohem Niveau ablaufen. Das dient der eigenen Produktivität ebenso wie der des Unternehmens.

Zwischenmenschlicher Informationsaustausch und Dialogfähigkeit sind weitere Komponenten des Erfolgs. Heute sollte die Willensbildung im Betrieb gemeinsam zwischen der Gruppe und dem Chef erfolgen. Ohne ausreichende fachliche und persönliche Kommunikation entstehen Spannungen und Probleme.

Die persönliche Kommunikation wird auch wesentlich von der Körpersprache wie Blicke, Mimik, Gestik geprägt. Erfolgsmenschen kennen oder erspüren zumindest die Zusammenhänge und Signale dieses Bereichs. Sie gehen auf Mitmenschen ein, motivieren sich selbst und andere. Sie stellen Gemeinsamkeit her und helfen auch dadurch, Streß zu vermeiden oder zu verringern. Wer sich selbst achtet, findet zu einer positiven, bejahenden Sprache und baut schon dadurch Brücken. Selbstachtung kommt zwar nicht immer von selbst, aber schneller als man vielleicht denkt, wenn man sich nur mit Entschlossenheit auf seinen persönlichen Weg begibt!

- **Wer sich bewußt mit seinem Umfeld auseinandersetzt, dient auch dem persönlichen Erfolg.**
  Wir müssen uns immer ausreichend vergegenwärtigen, in welchen Bezügen wir leben und handeln. Da geht es nicht nur um die zwischenmenschlichen Kontakte allein, sondern um die Organisation oder Gesellschaft, in der sie sich vollziehen. Denn im Regelfall fühlen sich die Menschen auch diesen Zusammenhängen verpflichtet.
  Wenn sie davon überzeugt sind, daß das Handeln des Vorgesetzten oder Kollegen nicht nur auf rein persönlicher Basis abläuft, sondern einem gemeinsamen, größeren bzw. übergeordneten Nutzen dient, dann gibt ihnen das eine zusätzliche Motivationskraft. Wer dem Ganzen nutzt, nutzt zugleich dem anderen und sich. Wenn ein Unternehmer Selbstbewußtsein, sicheres Auftreten, Kontakt- und Verhandlungsfähigkeit mitbringt, macht er diesen Nutzen noch deutlicher und glaubwürdiger.

5.8. Der Erfolg durch ein strategisches unternehmerisches Handeln

Gibt es eine “Faustregel” für eine erfolgreiche Unternehmensführung? Der Berater Kurt Nagel hat den Versuch gemacht, die betriebswirtschaftliche Weisheit in seinem Buch “Die 6

Erfolgsfaktoren des Unternehmens" solcherart aufzubereiten. Wir empfehlen auf dieser Grundlage eine "Fünf-Finger-Regel":

Erste Regel: Erfolgreiche Unternehmen werden geführt mit klaren Grundsätzen und Zielen, mit soliden Strategien und mit einem Führungsstil, der die Interessen, Bedürfnisse und Motive der Mitarbeiter sensibel und wirksam berücksichtigt.

Die Geschäftsgrundsätze setzen den Rahmen für die Entscheidungen der Führungskräfte und Mitarbeiter. Alle müssen sich mit ihnen identifizieren können.
Die Ziele des Unternehmens müssen einerseits mit den Grundsätzen harmonieren und dürfen andererseits dem Rentabilitätsziel (Gewinnstreben) nicht im Wege stehen.
Die Entwicklung einer Strategie sollte sich insbesondere an Fragen orientieren wie:
- Werden meine Produkte/Dienstleistungen mittel- und langfristig verkaufbar sein?
- Welche Wettbewerbsentwicklung kann es in meiner Branche geben?
- Welche Stärken habe ich gegenüber anderen Wettbewerbern und wie baue ich sie aus?
- Wie können wir unsere Kunden längerfristig an uns binden?

Die Führung muß fünf ständige Aufgaben umfassen: Zielsetzung, Planung, Durchführung, Kontrolle und Motivation.
Führung ist zu einem wesentlichen Teil Menschenführung, bei der es auf die Führungspersönlichkeit, den Stil, die Kommunikation, die Delegationsfähigkeit und das Fürsorgeverhalten ankommt.

Zweite Regel: Erfolgreiche Unternehmen haben "den Kunden" als Vertrauenspartner begriffen, als einen lebendigen Teil des eigenen Geschäftes, dessen Bedürfnisse und Wünsche man ernst nimmt.

Der Unternehmer muß sich immer stärker in die Lage seines Kunden versetzen, sein Vertrauen erwerben und erhalten. Der Kunde gehört in den Mittelpunkt des unternehmerischen Denkens und Handelns. Hier helfen uns Leitgedanken weiter:

- Der Kunde hängt nicht von uns ab, sondern wir von ihm.
- Der Kunde unterbricht nicht unsere Arbeit, er ist ihr eigentlicher Sinn.
- Der Kunde ist aus Fleisch und Blut, er ist kein theoretisches Gebilde.
- Zufriedene Kunden werden nicht geboren, sondern gemacht.
- Es gibt keinen, der je einen Streit mit einem Kunden gewonnen hat.

Dritte Regel: Erfolgreiche Unternehmen haben ihre Aufbau- und Ablauforganisation so gestaltet, daß sie möglichst einfach und flexibel ist, sich zwar am Regelfall orientiert, aber bei Veränderungen schnell umgestellt werden kann und wird.

Die Aufbauorganisation gliedert die Gesamtaufgabe des Unternehmens in Einzelaufgaben, die dann von geeigneten Personen übernommen werden müssen. Zuständigkeit, persönliche Kompetenz und Verantwortung sollten dabei in Übereinstimmung gebracht werden.
Die Aufbauorganisation sollte

- möglichst einfach, also nicht zu stark detailliert konstruiert werden,
- möglichst flexibel ausgestaltet sein und die Austauschbarkeit von Personen sowie den Einsatz von kleinen Arbeitsgruppen erleichtern,
- die Delegation und Kommunikation begünstigen,
- möglichst kurze "Befehlswege" und arbeitsgerechte Kontrollspannen haben,
- sich durch eindeutige Regelungen der fachlichen und disziplinarischen Weisungsbefugnisse auszeichnen.

Die **Ablauforganisation** ordnet die Arbeitsprozesse.

Sie sollte

- am Routinevorgang bzw. Regelfall ausgerichtet sein und die Abläufe konkret, eindeutig und möglichst standardisiert regeln,
- zum Beispiel durch eine sinnvolle Maschinenaufstellung die Zahl der Arbeitsstationen möglichst klein halten und die Nutzung der Arbeitsmittel so gestalten, daß sie optimal ausgelastet sind,
- die Arbeit so strukturieren, daß ablaufmäßig eng zusammengehörende Einzeltätigkeiten von einer Person und im Zusammenhang abgewickelt werden,
- sicherstellen, daß die richtige Information zur richtigen Zeit an die richtige Stelle kommt.

Vierte Regel: Erfolgreiche Unternehmen haben ein Informations- und Kommunikationssystem, das Führungskräfte und Mitarbeiter schnell und zuverlässig über Märkte, Kosten, Abläufe und Lager informiert, zugleich aber auch dem Kunden die entscheidenden Informationen zum richtigen Zeitpunkt liefert.

Umfassende Informiertheit ist eine zentrale Erfolgsvoraussetzung. Das innerbetriebliche Informationswesen (Rechnungswesen) ist eine Chance für Führungskräfte und ihre Mitarbeiter, das Betriebsgeschehen zu überblicken und zu kontrollieren. Es stellt wichtige Informationen für die betriebliche Entscheidungsfindung zur Verfügung. Wer moderne Datenverarbeitung dabei einsetzt, spart nicht nur Zeit, sondern kann problemlos und rechtzeitig Auskünfte bzw. Einblicke erhalten, die früher nur sehr mühselig erarbeitet werden konnten.
Aber auch für die Marktpflege und -erschließung ist ein leistungsfähiges Informationssystem Gold wert. Zwei interessante Beispiele:

- Durch eine computergestützte Lagerhaltung hat zum Beispiel eine westdeutsche Handelsfirma eine garantierte "Ersatzteilauslieferung innerhalb von 24 Stunden" eingerichtet.

- Mit Hilfe einer Datenbank hat ein Maschinenhersteller einen besonderen Angebotsservice aufgebaut, indem er für den Kunden bereits im Rahmen des Angebots die anfallenden laufenden Betriebskosten berechnet.

Fünfte Regel: Erfolgreiche Unternehmen haben eine Mitarbeiterschaft, die sich selbst umfassend und qualifiziert einbringen kann und einbringt.

Ortega y Gassets Erkenntnis hat etwas für sich: “Geerntet wird nicht auf den Berggipfeln, sondern in den Tälern.” Durch die moderne Informationstechnik, die konkreten Möglichkeiten zur Weiterbildung usw. können heute leichter als früher qualifizierte Tätigkeiten, Entscheidungs- und Kontrollaufgaben an die Mitarbeiter delegiert werden.
Wer am Markt bestehen will, kann nicht nur auf den Preisvorteil setzen. Er muß sich zusätzlich um eine besondere Qualität seines Angebots bemühen. Qualität aber erfordert qualifizierte, engagierte Mitarbeiter. Die Mitarbeiterfrage wird so schon aus Marktgründen zu einer Kernfrage des unternehmerischen Erfolgs. Wer seine Mitarbeiter an den betrieblichen Denkprozessen beteiligt, wer ihnen mehr Spielraum für die Entwicklung und den Einsatz ihrer Fähigkeiten läßt, wer sie in die betrieblichen Entscheidungsprozesse einbezieht und sie am Unternehmenserfolg teilhaben läßt, der hat beste Aussichten, ein gesundes Unternehmen zu führen.

5.9. Persönliche Erfolgsregeln

Ein gutes Beispiel für Erfolg ist der Versandhaus-König Werner Otto. 1949 gründete er sein Versandhaus. Der erste Katalog hatte gerade einmal 14 Seiten und eine Auflage von 300 Exemplaren. Die unternehmerische Grundhaltung beschreibt der Firmengründer in seinem Buch d”De OTTO-Gruppe”.
Für sein ökonomisches Handeln nennt Werner Otto zehn Prinzipien:

Erstens: Erkenne Dich selbst!
Zweitens: Arbeite Dich frei!
Drittens: Diskutiere und informiere!
Viertens: Vereinfache die Probleme und systematisiere!
Fünftens: Übe konstruktiv Kritik und führe Mängelanalysen durch!
Sechstens: Handle konsequent!
Siebentens: Vorsicht vor versteckten Risiken!
Achtens: Halte alles im Fluß!
Neuntens: Teile und wachse!
Zehntens: Behalte Überblick und Weitblick!

Bemerkenswert ist auch OTTOS Einsicht, daß Intelligenz nicht Erfahrung ersetzt ...

So wie er haben viele große Unternehmer vor dem Hintergrund ihrer persönlichen Erfahrungen die Erfolgsregeln zusammengefaßt, deren Berücksichtigung für ihren Werdegang von besonderer Bedeutung waren.

Viele dieser Regeln ähneln sich sehr. Es sind aber auch abhängig von den individuellen Voraussetzungen unterschiedliche Akzente und Schwerpunkte feststellbar.

5.10. Machen Sie sich eine Checkliste

Das 5. Kapitel können Sie am besten für sich nutzen, wenn Sie jetzt – zunächst getrennt nach mehr persönlichen und nach mehr unternehmerischen Gesichtspunkten – die Punkte auflisten, denen Sie mehr Aufmerksamkeit als bisher widmen müssen, um ein erfolgreicher Unternehmer zu werden oder zu bleiben. Leiten Sie dann – aufbauend auf den erkannten Stärken und Schwächen – 10 konkrete persönliche Erfolgsregeln ab. Überdenken Sie diese Checkliste, diskutieren Sie sie, besprechen Sie sie mit Ihren Partnern und Mitarbeitern und wenden Sie sie dann, auch gemeinsam, an. Und noch eins: Verbessern Sie sie, wenn Ihre Erfahrungen es empfehlen.

ZEHN x 10

6. Unternehmensmarketing

von Hans Masemann

Die Wandlung vom Verkäufer- zum Käufermarkt ist ein gravierendes Element im Rahmen der wirtschaftlichen Veränderungen in den Bundesländern der ehemaligen DDR.
Die frühere Funktion des Verteilers können Betriebe nicht mehr ausüben. Sie sind gezwungen, sich marktorientierter Verhaltensweisen zu bedienen, schlicht gesagt: Marketing einzuführen und zu leben.

6.1. Der Begriff Marketing

Eine eindeutige Definition des Begriffes Marketing existiert nicht. Allgemein versteht man unter Marketing eine "Unternehmensphilosophie", die zum Inhalt hat, daß das jeweilige Unternehmen "vom Markt her geführt wird". Es handelt sich also um eine Konzeption der Unternehmensführung. J. Bidlingmaier umschreibt den Begriff Marketing wie folgt: "Marketing ist eine Konzeption der Unternehmensführung, bei der im Interesse der Erreichung der Unternehmensziele alle betrieblichen Aktivitäten konsequent auf die gegenwärtigen und künftigen Erfordernisse der Märkte ausgerichtet werden."
Um dieser umfassenden Aufgabe gerecht zu werden, benötigt das Marketing eine Reihe von Instrumenten (vgl. Abschnitt 6.8.).
Welche konkreten Fragestellungen Sie dabei berücksichtigen sollten, haben wir für Sie in der Tabelle 6.1 (siehe Seiten 136 – 137) zusammengestellt. Es ist dies ein Fragekatalog, den die Dresdner Bank empfiehlt.

6.2. Von der Distribution zum Marketing

Stellt man nun die Frage, ob diese "Philosophie der Unternehmensführung" nicht schon immer vorherrschte, so muß man diese Frage mit einem klaren Nein beantworten. Das soll aber nicht heißen, daß es den Begriff des Marketing nicht schon in "früheren Zeiten" gab.
Die alte Version des Marketing umfaßte die Aufgabe, die

erstellten Produkte unter Einsatz bestimmter Instrumente zu verkaufen.
Diese Umschreibung der alten Marketing-Auffassung deckt sich mit der von Nieschlag, Dichtl, Hörschgen gegebenen Umschreibungen der Distributionspolitik.
In diesem Sinne ist das alte Marketing also Distributionspolitik und zwar, gemessen an der Definition von Bidlingmaier, noch weit entfernt vom modernen Marketing.
Nach Bidlingmaier läßt sich der Absatzweg in der Distribution gemäß Abbildung 6.1 darstellen.
Marketing in Form der Distribution herrscht immer dann vor, wenn ein Markt vorliegt, der in der Theorie als Verkäufermarkt bezeichnet wird.
Der Verkäufermarkt ist gekennzeichnet durch einen Nachfrageüberhang. Der Markt ist in dieser Situation für den Verkäufer günstig, er kann aufgrund des starken Nachfrageüberhangs seine Waren absetzen. Auf andere Dinge als die Erfüllung des Grundnutzens wird nicht geachtet.
Durch den starken Nachfrageüberhang erzielen die Unternehmen eine Machtstellung, die es ihnen erlaubt, sich mehr um den Produktionsablauf als um die Kunden zu kümmern.
Erst zu Beginn der sechziger Jahre wurde in der bisherigen Bundesrepublik aus dem Verkäufermarkt ein Käufermarkt.
Diese Wandlung hatte folgende Gründe:
- Die im Wirtschaftsaufschwung steigenden Masseneinkommen erhöhten den frei verfügbaren Einkommensteil.

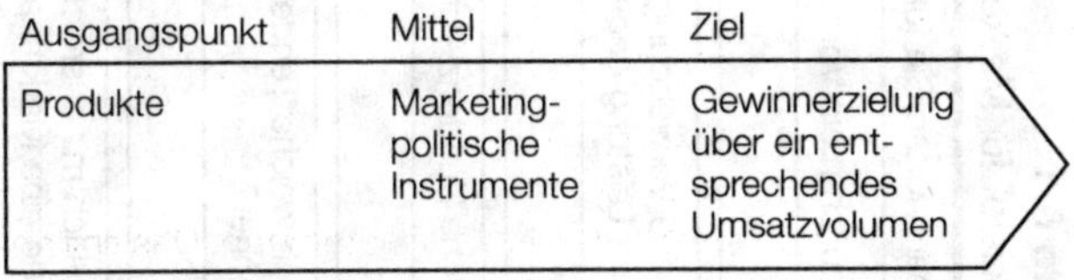

Abbildung 6.1
Absatzweg in der Distribution

Tabelle 6.1
"Checkliste" für Marketing

Bitte beantworten Sie folgende Fragen:

1. Habe ich mein Vorhaben auf die Erschließung einer Marktnische ausrichten können?

2. Welche Verwendungsmöglichkeiten bietet meine Leistung den Kunden? Welchen zusätzlichen Nutzen bietet meine Leistung gegenüber vergleichbaren Angeboten?

3. Welche Kundenzielgruppe spreche ich mit meiner Leistung an?

4. Durch welche Tendenzen (Wachstum, Stagnation, rückläufige Entwicklung) ist mein Marktpotential gekennzeichnet?

5. Habe ich mir ausreichend Marktdaten (über den Gesamtmarkt, über meinen Spezialmarkt) beschafft und wurde eine Marktanalyse erstellt? Wer hat sie erstellt?

6. Besteht ausreichend Nachfrage (im Inland/Ausland) für meine Leistung?

7. Welche Abhängigkeiten bestehen für den Absatz meiner Leistung (z. B. von Großabnehmern, der öffentlichen Hand oder dem technischen Fortschritt)?

8. Welche Vertriebswege werden den Absatz meiner Leistungen begünstigen?

9. Sind mir Vertriebsbeschränkungen (z. B. regionale) auferlegt?

10. Habe ich andere Geschäftsbedingungen als in meiner Branche üblich vorgesehen? Wenn ja, warum und sind diese juristisch überprüft?

- Die steigenden Einkommen führten zu wachsenden Ansprüchen.
- Die wachsenden Ansprüche steigerten letztlich den Konkurrenzdruck.

Linnert führt darüber hinaus den technischen Fortschritt an. Durch den technischen Fortschritt kam es aufgrund der Massenproduktion zu einer Situation, in der das Angebot größer war als die Nachfrage.
Aufgrund einer veränderten Darstellung der Lage am Markt mußten die Unternehmen sich umstellen in ihrer bisher geübten Einstellung zum Markt.
Es war nun nicht mehr möglich, Ware einfach zu produzieren und zu verkaufen. Marketing mußte nun verstanden werden als Problem-Löser. Hierzu ist erforderlich, daß sich das Unternehmen in den "Stuhl des Käufers" setzt. Aus dieser Perspektive erkennt es die Probleme.

6.3. Die Voraussetzungen zur Marketingpolitik

Marketingpolitik bedeutet letzten Endes die Erreichung folgenden Zieles: optimaler Einsatz der Marketing-Instrumente im Marketing-Mix.
Diese Forderung kann allerdings nicht sofort gestellt werden. Anders formuliert: Der Einsatz des Marketing-Mix muß vorbereitet sein. Es müssen Voraussetzungen erfüllt werden, die letztlich dem jeweiligen Unternehmen die Basis für ein marktorientiertes Verhalten schaffen. Die notwendigen Voraussetzungen sind u. a.:

- Organisatorische Verankerung des Marketing im Unternehmensbereich.
- Der Erhalt aller – die Marketingpolitik betreffenden – Informationen.
- Eine marktgerechte Mitarbeiterführung.

6.4. Die organisatorische Verankerung

Die Wichtigkeit bzw. Bedeutung eines betrieblichen Teilbereiches kommt u.a. darin zum Ausdruck, welchen Rang der betreffende Teilbereich in der Hierarchie des Unternehmens einnimmt. Wie bereits beschrieben, handelt es sich bei "Marketing" jedoch nicht nur um einen Teilbereich der Unternehmung. Marketing ist in erster Linie zu begreifen als Unternehmensphilosophie, die die Führung vom Markt her zum Inhalt hat. Es ist auf der Grundlage dieser Kenntnisse deshalb erforderlich, Marketing im Betrieb so hoch wie möglich anzugliedern. Je höher die Position eines Marketingleiters, desto höher ist die Einflußmöglichkeit auf die Gestaltung der grundsätzlichen Unternehmenspolitik.
Dieses hat man im Handel, in der Industrie und im Dienstleistungsbereich erkannt. In vielen Betrieben ist der Leiter des Absatzbereiches Abteilungsdirektor oder sogar als Vorstandsmitglied angegliedert. Wie zum Beispiel eine Absatzorganisation ausgebaut wird, hängt – wie auch das Problem der personellen Zuständigkeit – nicht unwesentlich von der Betriebsgröße ab.

6.5. Das Informationswesen einer marktorientiert geführten Unternehmung

Marketingorientierte Politik ist in die Zukunft gerichtet. Es handelt sich bei den Entscheidungen, die getroffen werden müssen, also stets – vom Sicherheitsstandpunkt aus betrachtet – um "Entscheidungen unter Unsicherheit".
Es ist nun das Ziel der Unternehmensleitung, die Unsicherheit bei der Entscheidungsfindung zu mindern. Diese Minderung kann erreicht werden durch Informationen. Als Quellen von Informationen kommen in Betracht:

- Marktforschungen (eigene und relevante "fremde" Ergebnisse),
- das Rechnungswesen,

- der Außendienst,
- die Absatzmittel,
- die Konkurrenten,
- Presse, Literatur etc. und
- Verbände, Forschungsinstitute.

Diese Informationsquellen lassen sich unterteilen in interne und externe Quellen. Fremde Informationsquellen sind in der Marktforschung Quellen, die sich nicht innerhalb des Unternehmens befinden, also: Presse, Literatur, Verbände, Forschungsinstitute.

Ohne auf die einzelnen Informationsquellen näher eingehen zu wollen, ist klar ersichtlich, daß bei Inanspruchnahme aller zur Verfügung stehenden Informationsquellen eine Informationsüberlastung auf die betreffenden Mitarbeiter zukommen kann. Informationsüberlastung kann wegen des begrenzten Fassungsvermögens der jeweiligen Mitarbeiter zu Verwirrung und zu Fehlentscheidungen führen.

Es kommt also für den Entscheidungen treffenden Mitarbeiter darauf an, Informationen in der Weise zu erhalten, die ihm Entscheidungen erleichtern. Er sollte innerhalb kürzester Zeit über relevante Informationen verfügen können.

Diese Aufgaben übernehmen sogenannte "Marketinginformationssysteme" (MIS), die auf EDV-Basis aufgebaut werden.

Informationen werden also mit Hilfe von elektronischen Anlagen bearbeitet. Hier bedeutet Informationsbearbeitung:

- Beschaffung von Informationen,
- Bereitstellung von Informationen,
- Analyse von Informationen,
- Aufbereitung von Informationen,
- Interpretation von Informationen,
- Speicherung von Informationen.

Ein Informationssystem kann das in der Abbildung 6.2 dargestellte Aussehen haben.

Nachdem die Art und Weise der Informationsbeschaffung und -auswertung dargestellt wurde, sollen im folgenden

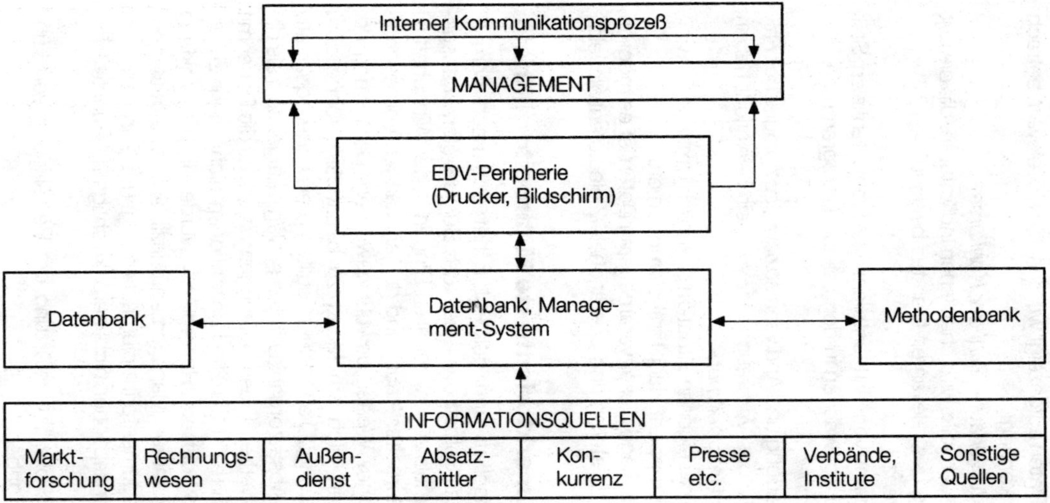

Abbildung 6.2
Marketinginformationssystem

diejenigen Daten aufgezeigt werden, die als relevant betrachtet werden können:

a) *Konjunkturverlauf – Zahl der Konkurse*
   Analyse der volkswirtschaftlichen Indikatoren, die die Entwicklung des relevanten Marktes beeinflussen.
b) *Konkurrenz*
   Bestimmung von Marktanteilen: Reservenpotentialen, Stärken und Schwächen in den Leistungsprogrammen.
c) *Verbraucher*
   Beschreibung und Analysen sozialer, soziologischer Faktoren, die das Verbraucherbewußtsein beeinflußt haben.
d) *Eigenes Unternehmen*
   Analyse der eigenen Situation bezüglich Umsatz, Gewinn, Umsatzgruppen, Hauptartikelgruppen etc.

Auf der Grundlage dieser verarbeiteten Daten ist es möglich, Prognosen zu stellen und operationale Ziele zu entwickeln.

6.6. Die marktorientierte Mitarbeiterführung

In der Wirtschaft und der Politik hat sich nach dem 2. Weltkrieg das Selbstbewußtsein des Bürgers stärker ausgeprägt als jemals zuvor. Vor allen Dingen in der Wirtschaft ist sich der Mitarbeiter – aufgrund der jahrelangen Vollbeschäftigung – seines Wertes bewußt geworden. Der Zwang der Unternehmen, sich am Markt zu behaupten, führte zum Leistungszwang: Die Produkte sollten preiswerter, qualitativ besser, die Absatzorganisationen schlagkräftiger sein als die der Wettbewerber. Diese Leistungen waren auf die Dauer mit den "bewährten" Führungskonzeptionen nicht mehr zu erbringen. Vor diesem Hintergrund wurde die Entwicklung neuer sogenannter "Managementprinzipien" vorangetrieben. Diese Managementprinzipien sollen folgende – in den alten Führungskonzeptionen nicht berücksichtigten – Punkte erfüllen:

- wirkungsvolle Unterstützung der Bewältigung von Führungsaufgaben,

- Ermöglichung selbständiger und verantwortlicher Bearbeitung abgegrenzter Aufgabengebiete,
- Förderung der Einsicht über die Notwendigkeit kooperativer Zusammenarbeit,
- Aufwand für Einführung und Realisation der Konzeptionen in vertretbaren Grenzen,
- die Leistungen der Mitarbeiter und der Vorgesetzten transparent gestalten.

6.7. Die Schritte der Marketingpolitik

a) Allgemeines
Marketingpolitik vollzieht sich wie jede andere Politik nach den Schritten des allgemein bekannten Prinzip des Managementkreises (vgl. Abbildung 6.3).
Voraussetzung für die Situationsanalyse, die Prognose sowie alle im Managementkreis dargestellten Tätigkeiten ist die Information. Sie wurde aus diesem Grunde vorweggenommen.

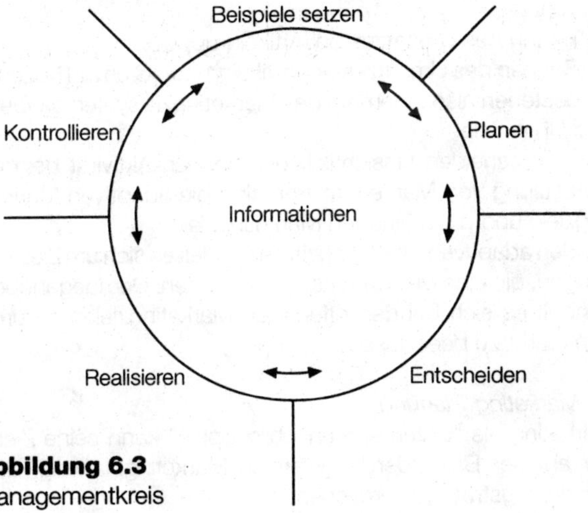

Abbildung 6.3
Managementkreis

b) Marketing-Ziele

Aus der auf der Grundlage von Informationen vorgenommenen Situationsanalyse und Prognose werden Marketingziele entwickelt.

Marketingziele werden immer aus Unternehmenszielen abgeleitet. Sie sind Ziele von höchster Bedeutung und werden deshalb von der Unternehmensleitung in Zusammenarbeit mit dem Bereichsleiter Marketing bestimmt. Diese Vorgehensweise wird bei jedem ökonomischen Handeln beachtet. Wenn im folgenden auf diese Darstellung mitunter verzichtet wird, so nur, um die Ausführungen kurz zu halten.

Dabei ist darauf zu achten, daß die jeweilig gefaßten Marketingziele numerisch festgelegt werden, so daß eine Überprüfung stattfinden kann.

Marketingziele können dabei wie folgt lauten: Steigerung des Gesamtumsatzes bis zum nächsten Jahr um 2 Prozent.

Diese Steigerung des Umsatzes setzt sich wie folgt zusammen:

- Steigerung des Umsatzes bei Artikelgruppe A um 4 Prozent,
- Halten des Umsatzes bei Artikelgruppe B,
- Senken des Umsatzes der Artikelgruppe C um 1 Prozent.

Es bestehen also innerhalb des Marketingzielsystems Ober- und Unterziele.

Zu unterscheiden hinsichtlich der eigenen Aktivität bei der Umsetzung von Marketingzielen sind die adaptiven Marketingziele und die offensiven Marketingziele.

Bei den adaptiven Marketingzielen handelt es sich um Zielsetzungen, die eine Marktanpassung betreffen. Demgegenüber handelt es sich bei den offensiven Marketingzielen darum, den Markt zu beeinflussen.

c) Marketing-Planung

Marketing als "Unternehmensphilosophie" kann seine Ziele nur auf der Basis der langfristigen Marketingplanung, der "Marketingstrategie" erreichen.

Der Marketingplan ist ein fundamentaler Bestandteil der Unternehmensplanung. Die Gründe:

- Es besteht eine weitgehende Übereinstimmung zwischen den Unternehmens- und Marketingzielsetzungen einer Planperiode.
- Der Marketingplan bezieht diejenigen Instrumente (Mittel, Wege, Strategien) ein, die zur Realisierung des Unternehmenszieles dienen.

Damit ist der Marketingplan der grundlegende Orientierungsrahmen für andere Teilpläne im Unternehmen, wie zum Beispiel Beschaffungs- und Finanzplan.

Der Marketingplan besteht aus zwei Teilen:

- Der **Informationsteil** dient dazu, die relevanten Märkte zu bestimmen.
- Bei dem **Aktionsteil** geht es um die Planung und den Einsatz der "Marketinginstrumente", und zwar der
  - Preispolitik,
  - Produktpolitik,
  - Werbung, Verkaufsförderung und
  - Öffentlichkeitsarbeit, Kundendienstpolitik.

Um die Marketingziele zu erreichen, hat man sich im Rahmen der Strategie zu entscheiden für den Gesamteinsatz dieser Instrumente. Damit werden der Zielerreichung optimale Voraussetzungen zugrunde gelegt.

Diese Punkte können als Gemeinsamkeiten der Managementkonzeptionen betrachtet werden.

Die Anwendung einer Management-Konzeption allein reicht jedoch noch nicht aus. So fordert eine Marketing-geführte Unternehmung darüber hinaus eine straff organisierte Aufbau- und Ablauforganisation. Die Ablauforganisation kann nur erfolgen aufgrund klarer Stellenbeschreibungen für die einzelnen Arbeitsplätze.

Da auch und gerade in marketingorientiert geführten Betrieben das Schlagwort vom "richtigen Mann am richtigen Platz" gilt, sind periodische Mitarbeiterbeurteilungen durchzuführen.

Darüber hinaus dient Personalpolitik der Förderung der Mitarbeiter - gemeint sind hierbei Kurse und Schulungen –, um den Mitarbeitern bei Interesse Aufstiegschancen einzuräumen. Voraussetzungen hierzu sind u. a. die "richtige Handhabung" der Mitarbeiterbeurteilung.
Bei gemeinsamem Einsatz der Instrumente spricht man vom "Marketing-Mix".
Es dürfte zu verstehen sein, daß der Einsatz eines isolierten Marketing-Instrumentes nicht soviel Erfolg hat wie die Kombination des gesamten Marketing-Instrumentariums. Ziel bei der Strategie-Wahl ist daher immer: Optimierung des Marketing-Mix.

6.8. Die Marketinginstrumente – Kurzdarstellung

Im folgenden werden lediglich die Marketinginstrumente dargestellt, die innerhalb dieser Arbeit weiter betrachtet werden sollen.
Hierbei handelt es sich um die Instrumente:
- Werbung,
- Öffentlichkeitsarbeit (Public Relations),
- Verkaufsförderung und
- Kundendienst.

a) Werbung
Unter Werbung wird der "bewußte Versuch verstanden, Menschen unter Einsatz spezifischer Mittel zu einem bestimmten – Absatz und wirtschaftlichen Zwecken dienenden – Verhalten zu bewegen".

Formen der Werbung
Aus dem Werbeziel werden die Werbestrategien abgeleitet. Hierbei geht es um die Beantwortung folgender Fragen:
- Soll "Produkt- oder Firmenwerbung" betrieben werden?

- Soll es sich um “Allein- bzw. eine Gemeinschaftswerbung” handeln?
- Soll die Werbung an einzelne Personen oder an eine Personengesamtheit (Menge) gerichtet sein?

Werbemittel

Aus den Werbestrategien wird die nach Meinung des Unternehmens beste Lösung ausgewählt. Dann werden die Werbemittel bestimmt.
Werbemittel sind die zur Erreichung der ökonomischen und außerökonomischen Zielsetzungen eingesetzten Instrumente. Folgende Werbemittel können unterschieden werden:
- Inserate,
- Rundfunkwerbung,
- Fernsehwerbung,
- Prospekte,
- Katalog,
- Werbebrief,
- Schaufensterdekoration,
- Flugblätter,
- Kundenzeitschriften,
- Plakate,
- Werbegespräche,
- Zugaben,
- Preisausschreiben,
- Werbegeschenke.

Im nächsten Schritt ist festzulegen, welcher Werbeträger sich das Unternehmen bedient.
Als Werbeträger können verwendet werden:
- Zeitschriften,
- Zeitungen,
- sonstige Bucherzeugnisse,
- Rundfunk- und Fernsehsendungen,
- Filme,
- Packungen und Produkte,
- Litfaßsäulen und Anschlagtafeln,

- Werbegeschenke,
- Schaufenster.

Bei der Bestimmung der Werbeträger ist jeweils die von diesem zu erreichende Reichweite zu beachten.

Werbebudget

Werbung sollte, selbst wenn es noch so schwer fällt, stets kontrolliert werden. Man unterscheidet bei der Werbeerfolgskontrolle zwischen ökonomischen und der nicht ökonomischen Kontrolle.

Werbung kann nur dann durchgeführt werden, wenn finanzielle Mittel zur Verfügung stehen.

Aus diesem Grund wird dem Bereich der Werbung jährlich ein Budget zugewiesen.

Das Budget kann dabei wie folgt bestimmt werden:

- als Anteilswert an der Bilanzsumme oder an der Gewinn- und Verlustrechnung,
- nach dem Umsatz,
- nach Werbeausgaben von früheren Perioden.

Nieschlag weist darauf hin, daß diese Werbeziele keinen Bezug nehmen auf die Marketing-Ziele des Unternehmens. Er schlägt deshalb vor, daß folgende Größen als Basen gewählt werden: Marktanteil, Umsatz oder Gewinn.

Die Auswahl der Werbemittel wie auch der Werbeträger wird bestimmt durch

- das Werbeziel,
- das Produkt (hochwertiges Industriegut – Massenprodukt),
- die Zahl der Umworbenen (Einzelpersonen – Massenwerbung),

um die wichtigsten Bestimmungsgrößen zu nennen.

b) Öffentlichkeitsarbeit (Public Relations)

Definition: “Unter Public Relations verstehen wir … die Gesamtheit aller Bestrebungen … das Ansehen … einer einzelnen Unternehmung, einer Branche, eines Wirtschaftszweiges

oder einer Behörde zu heben ... Public Relations bedeuten ... Information der Öffentlichkeit über die Zielsetzungen, Leistungen und die soziale Aufgeschlossenheit privater Unternehmungen oder staatlicher Stellen."
Kurz gesagt kann man den Inhalt der Öffentlichkeitsarbeit wie folgt umreißen:

"Tue Gutes und rede davon."

Dabei beschränken sich Public Relations nicht nur auf die Informationen, "sondern beginnen mit einem Verhalten, das die Öffentlichkeit als vernünftig und richtig ansieht".
In der Literatur wird die Werbung oft als Oberbegriff von Public Relations genannt. Dieses ist nicht ganz korrekt, da die Aufgaben von Werbung und Öffentlichkeitsarbeit unterschiedlich sind. Gemeinsam ist ihnen aber, daß sie zur Absatzförderung beitragen.
Während sich die Werbung auf die Erweiterung bzw. die Konstanthaltung des Absatzes bezieht, kümmert sich Public Relations um die Pflege der Öffentlichkeitsbeziehungen, also unter anderem um das Bild (Image) des Unternehmens in der Öffentlichkeit und das daraus resultierende Vertrauen.

c) Verkaufsförderung (Sales Promotion)

Unter Verkaufsförderung werden Maßnahmen verstanden, die der Unterstützung der Tätigkeit

- der eigenen Verkaufsorgane,
- der Wiederverkäufer (Beschaffung und Absatz) und
- der Endverbraucher

dadurch dienen, daß sie zusätzlich zu den bestehenden Eigenschaften eines Produktes weitere Anreize bietet. Die Maßnahmen werden auch als "Händler- und Außendienst Promotions" sowie als "Verbraucher Promotions" bezeichnet. Verkaufsförderung wird verstanden als begleitende Maßnahme zu Marketingmaßnahmen. Wie beispielsweise Werbung und Verkaufsförderung zusammenarbeiten können bei der Einführung eines neuen Produktes zeigt die Abbildung 6.4.

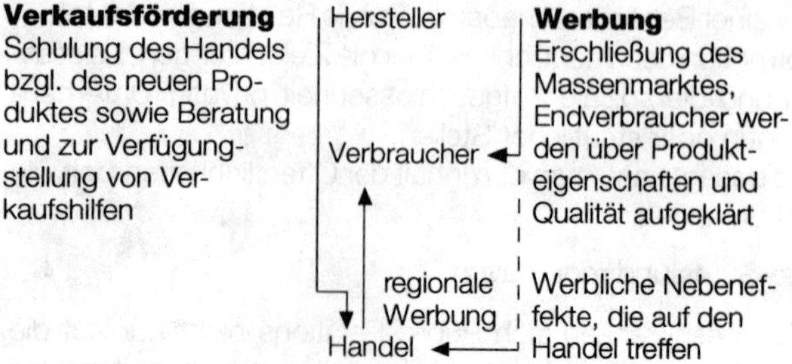

Abbildung 6.4
Zusammenarbeit zwischen
Werbung und Verkaufsförderung

d) Kundendienst

Beim Kundendienst handelt es sich um Maßnahmen (Zusatzleistungen beim Kauf eines Produktes), durch die Absatzchancen gesteigert werden können.

Wesentlich ist dabei, daß sie immer im Zusammenhang mit dem Produkt stehen, das vertrieben wird. Dabei kann man den Kundendienst als "Begleitleistung" bezeichnen, die ohne rechtliche Verpflichtung gewährleistet wird, und zwar während der gesamten Lebensdauer des Produktes, für das der Kundendienst besteht.

Der Kundendienst kann nach Art der Leistung unterschieden werden in technischen Kundendienst und in den kaufmännischen Kundendienst.

Technische Kundendienstleistungen werden den Verwendern technischer Güter angeboten. Sie beziehen sich auf die Wartung, Pflege, Installation, auf Reparaturen und Inspektionen der Güter, als deren Begleitleistung sie bestehen. Der kaufmännische Kundendienst umfaßt Nebenleistungen, die zum Beispiel bei der Durchführung von Käufen erbracht werden. Der Kundendienst kann sich in diesem Fall beziehen auf das Verpacken und Zustellen der Ware.

6.9. Die Marketingkontrolle

Die Marketingkontrolle stellt eine wichtige Managementfunktion innerhalb des Entscheidungsprozesses dar. Es genügt nicht, Pläne zu entwerfen, diese müssen vielmehr realisiert und auf ihren Erfüllungsumfang hin überprüft werden. Von den Plänen sollen verhaltensbestimmende Wirkungen ausgehen. Die Formen der Marketingkontrolle lassen sich unter zahlreichen Gesichtspunkten systematisieren.
Die wichtigsten Differenzierungen sind:

- Kontrollrechnungen, die sich entweder auf die Gesamtheit der Marketinginstrumente beziehen oder lediglich die Effekte von Einzelinstrumenten untersuchen (Werbeerfolgskontrolle, Kontrollen von preispolitischen Maßnahmen).
- Im Hinblick auf den einzubeziehenden Markt können Marketingkontrollen eingeführt werden, die sich entweder auf den Gesamtmarkt beziehen oder lediglich Marktsegmente kontrollieren, d. h. regionale Märkte, einzelne Abnehmergruppen, bestimmte Produkte oder Produktgruppen.
- Unter dem Gesichtspunkt der Kostenrechnung ermittelt die Marketingkontrolle die Aktions- oder Periodenerfolge durch die Feststellung marketingbedingter Aufwendungen und Erträge nach Abschluß der Marketingaktion.
- Schließlich ist eine Kontrolle hinsichtlich der Träger des Marketing möglich. Es wird geprüft, inwieweit sie wirtschaftlich arbeiten und das Marketingbudget erfolgswirksam aufteilen.

6.10. Die System-Stufen

Die Entwicklung eines neuen Angebotes oder einer neuen Produktidee vollzieht sich in zehn System-Stufen (vgl. Abbildung 6.5). Dabei müssen der technische Bereich und der Marketing-Bereich auf jeder Stufe eng zusammenarbeiten. Über den Marketing-Bereich wird beispielsweise erfragt, welche Kundenwünsche hinsichtlich Produktneuerungen oder Angebotsverbesserungen bestehen. Diese abgestimmte Strategie wird eingehalten bis hin zu Verkaufstests für die Versuchsproduktion und der endgültigen Produkteinführung bei voller Produktion.

Abbildung 6.5
Zehn System-Stufen

ZEHN x 10

7. Personalwesen

von Hans Masemann

Qualifiziertes und motiviertes Personal ist ein wesentlicher Erfolgsfaktor für Unternehmen und Betriebe jeder Größenordnung.
Personal zu gewinnen, zu halten, zu fördern, zu entwickeln und zu motivieren ist eine Hauptaufgabe jedes Unternehmers (vgl. auch Abbildung 7.1).
Qualifizierte Personalarbeit bedeutet einerseits, die Ziele der Mitarbeiter mit den Zielen des Betriebes in Einklang zu bringen.
Andererseits heißt professionelle Personalarbeit, diese vorbeugend zu gestalten.

7.1. Ziele der Personalplanung

Die Ziele der Personalplanung bestehen darin, dem richtigen Mitarbeiter zur richtigen Zeit die richtige Funktion und die richtige Lokation zur Verfügung zu stellen.
Die Aufgaben der Personalplanung sind unabhängig von der Größe der Unternehmen. Es empfiehlt sich jedoch, bei größeren Betrieben die einzelnen Aufgabengebiete aufzuteilen, um somit zu einer effektiveren Personalarbeit zu kommen.
Die Personalplanung umfaßt grundsätzlich folgende Bereiche:
- den Personalbedarf,
- die Personalbeschaffung,
- den Personaleinsatz und
- die Personalentwicklung einschließlich Fortbildung.

7.2. Personalbedarfsplanung

Aufgabe und Ziel der Personalbedarfsplanung ist es, die für die gegenwärtigen und zukünftigen Leistungen benötigten Mitarbeiter nach Anzahl und Qualifikation unter gleichzeitiger Berücksichtigung der zeitlichen und örtlichen Verfügbarkeit zu ermitteln. Die Ergebnisse der Personalbedarfsplanung bilden die wichtigsten Grundlagen der Entscheidungen für

Maßnahmen der Personalbeschaffung, des Personaleinsatzes, der Personalfreisetzung und der Personalentwicklung. Ohne qualifizierte Personalbedarfsplanung kann die Personalplanung keinen Präventivcharakter einnehmen, sondern immer nur reaktiv tätig sein.

Einen Überblick über die von Ihnen benötigten Mitarbeiter können Sie sich anhand der in der Tabelle 7.1 (siehe Seite 156) aufgelisteten Fragen verschaffen.

Im Personalbereich entscheidet man den Bruttopersonalbedarf vom Nettopersonalbedarf. Dabei stellt sich die Formel wie folgt dar:

	Bruttopersonalbedarf in t_x	(abgeleitet aus den anderen organisatorischen Teilplänen)
./.	Personalbedarf in t_o + Personalabgänge im Zeitraum t_o bis t_x	
+	Personalabgänge	(d. h. sichere Abgänge wie Pensionierungen, Vorruhestand, statistisch ermittelte Abgangswerte wie Kündigungen, Abgänge der Auswirkungen getroffener Entwicklungsentscheidungen)
./.	bereits feststehende Personalzugänge im Zeitraum t_o bis t_x	
=	zu beschaffendes Arbeitspotential bis zum Zeitpunkt t_x (Nettopersonalbedarf)	

Der quantitative Personalbedarf gibt Auskunft über die Anzahl der Personen, die zur Sicherung der Leistungsprogramme der Unternehmen erforderlich sind.

Der qualitative Personalbedarf berücksichtigt die notwendigen Qualifikationsanforderungen an die Arbeitskräfte.

Läßt sich der quantitative Personalbedarf noch "relativ einfach" ermitteln, sieht es bei der Frage des qualitativen Personalbedarfs anders aus. Eine wichtige Voraussetzung für die qualitative Personalbedarfsplanung ist die Formulierung von

Tabelle 7.1
Fragekatalog zum Personalbedarf

Beantworten Sie bitte folgende Fragen:
1. Welche Arbeiten wollen Sie delegieren?
2. Wieviel Mitarbeiter benötigen Sie dafür insgesamt?
3. Wieviel Führungskräfte benötigen Sie?
4. Wieviel und welche Spezialisten benötigen Sie?
5. Wieviel kaufmännische Angestellte benötigen Sie?
6. Wieviel technische Angestellte benötigen Sie?
7. Wieviel Sachbearbeiter benötigen Sie?
8. Wieviel ungelernte Arbeiter benötigen Sie?
9. Wieviel Teilzeitkräfte benötigen Sie?
10. Wieviel Auszubildende benötigen Sie?

Anforderungsprofilen, zumindest von Aufgabenbeschreibungen.
Dabei umfaßt das Anforderungsprofil die Sollvorstellungen über diejenigen Voraussetzungen (Verhaltensweisen), die von einer Aufgabenstellung und der dazugehörigen Arbeitssituation erfüllt sein müssen.
Diese Verhaltensweisen können nach wissenschaftlichen Methoden ermittelt werden. Hier darf allerdings die Frage nach der Effizienz der Umsetzung gestellt werden. Vielmehr kommt es darauf an, ein System zu entwickeln, das unmittelbar auf die Praxis übertragbar ist. Ein solches System bietet das folgende Drei-Schritt-Verfahren.
Erster Schritt:
Erfassen der Bedeutung der Aufgaben für den Erfolg in der betreffenden Position.
Zweiter Schritt:
Erheben der Handlungsweisen, die zur Bewältigung der Aufgaben unter normalen und erschwerten Bedingungen erforderlich sind.
Dritter Schritt:
Erarbeiten der Anforderungen, die mit der betreffenden Position verbunden sind.
Im Rahmen der Bedarfsermittlung ist es mit der Schaffung eines Anforderungsprofils allein noch nicht getan. Dem Anforderungsprofil gegenüberzustellen ist das Qualifikationsprofil, aus dem hervorgeht, wie und in welcher Weise ein Mitarbeiter die an ihn gestellten Anforderungen erfüllt. Aus einem Vergleich zwischen dem Anforderungsprofil (SOLL) und dem Qualifikationsprofil (IST) lassen sich Entwicklungschancen ableiten.

7.3. Personalgewinnung

Die Personalgewinnung hat die Aufgabe, den in der Bedarfsermittlung festgestellten quantitativen und qualitativen Personalbedarf unter Berücksichtigung von Zeitpunkt und Ort zu

decken. Die Entscheidung, in welchem Umfang Personal intern oder extern beschafft werden soll, ist eine grundsätzlich personalpolitische Frage. Sie hängt sehr eng mit der Konzeption der Personalentwicklung (Fortbildungs- und Aufstiegsplanung) zusammen. Eine generelle Aussage über die Eignung einer bestimmten Beschaffungspolitik ist nicht möglich.
Im Hinblick auf das Kriterium der Motivation der Mitarbeiter – und dieses sollte bei einem aktiven Personalmanagement ein systemimmanentes Element sein – sind Neueinstellungen nur dann sinnvoll vorzunehmen, wenn die Mitarbeiter nicht über die für die Aufgabenerfüllung benötigten Qualifikationen verfügen, ein entsprechendes Entwicklungspotential im Vorfeld nicht erkennbar war oder die Mitarbeiter eine Bereitschaft zum Stellenwechsel vermissen ließen; für die neu anzuwerbenden Kräfte aber mindestens eine mittelfristige Beschäftigungsmöglichkeit gegeben ist.
Im Rahmen der Personalbeschaffung sind folgende Arbeiten erforderlich:

- Gewinnung der benötigten Informationen,
- Entscheidung über die Methoden der Personalbeschaffung,
- Werbung um geeignete Mitarbeiter,
- Auswahl der Mitarbeiter aus dem Kreis der Bewerber und
- interne Personalbeschaffung.

Vor dem Hintergrund der Mitarbeiterentwicklung und der Mitarbeiterförderung und damit der Schaffung eines insgesamt positiven Betriebsklimas haben viele Unternehmen den Grundsatz erhoben, Sachbearbeiter, hochqualifizierte Mitarbeiter und Führungskräfte nach Möglichkeit aus den eigenen Reihen zu rekrutieren (interne Personalbeschaffung). Wichtigstes Instrument hierbei ist die Ausbildung eines entsprechenden Nachwuchses (Auszubildende bzw. Lehrlinge).
Sollte es nicht möglich sein, freie Stellen über den internen Arbeitsmarkt zu decken, sind Maßnahmen der externen Beschaffung in Form von Neueinstellungen erforderlich. Die Beschaffung von Mitarbeitern durch Neueinstellungen bzw.

durch den Abschluß neuer Arbeitsverhältnisse ist gegenüber der internen Personalbedarfsdeckung durch ein wesentlich größeres Maß an Unsicherheit gekennzeichnet. Häufig ist es so, daß Mitarbeiter zunächst eingearbeitet werden müssen und sich das Gehaltsgefüge nach oben verschiebt. Dies kann Anlaß zur Unzufriedenheit unter den Kollegen geben, wenn die Einarbeitung nicht systematisch und richtig erfolgt.
Aktives Personalmanagement in dieser Richtung bedeutet, Modelle zu entwickeln, um neu eingestellte Mitarbeiter schnell zu integrieren. Damit wird die Motivationslage der bisherigen Mitarbeiter stabilisiert. Neue Wege der Personalbeschaffung sind zu beschreiten, wenn es nicht möglich ist, Mitarbeiter intern oder extern zu gewinnen. Dies kann eintreten, wenn neue Anforderungsprofile entstehen, bisherige Ausbildungskapazitäten nicht mehr ausreichen, oder nach bestimmten Fachkräften eine sehr starke Nachfrage auf dem Markt besteht. In diesen Fällen muß in kreativer Weise reagiert werden, um den notwendigen Personalbedarf abdecken zu können.

7.4. Personaleinsatzplanung

Gegenstand der Personaleinsatzplanung ist die Zuordnung der verfügbaren Mitarbeiter auf die vorhandenen Stellen entsprechend den qualitativen, quantitativen, zeitlichen und örtlichen Erfordernissen der bestehenden Aufgaben. Für eine effektive Personalzuordnung sind detaillierte Informationen erforderlich über:

- die an den Arbeitsplätzen zu erfüllenden Anforderungen,
- die Fähigkeiten der Mitarbeiter sowie
- deren individuelle, tätigkeitsbezogene Bedürfnisstruktur.

Die Abstimmung dieser drei Informationsquellen untereinander stellt einen entsprechend effektiven Einsatz der Mitarbeiter sicher. Dabei ist vor allem die Bedürfnisanalyse ein schwieriges Unterfangen. Während die zu erfüllenden Anforderungen und die Fähigkeiten der Mitarbeiter qualitativ und quantitativ meßbar sind, liegt die Ermittlung der Bedürfnisse im

1.	**Achten Sie Ihre Mitarbeiter!** Behandeln Sie sie so, wie Sie auch behandelt werden möchten.
2.	**Erkennen Sie die Leistung Ihrer Mitarbeiter an!** Anerkennung fördert das Selbstvertrauen.
3.	**Fordern Sie Ihre Mitarbeiter!** Erkennen Sie dabei die persönlichen Ziele. Stecken Sie die Ziele nie zu hoch, aber auch nicht zu niedrig ab.
4.	**Fördern Sie Ihre Mitarbeiter!** Sagen Sie nie, wie schlecht jemand ist, sondern immer, wie gut er sein könnte.
5.	**Sorgen Sie bei Ihren Mitarbeitern für Klarheit!** Lassen Sie Ihre Mitarbeiter nie im Zweifel darüber, was Sie von ihnen erwarten. Sagen Sie "Nein", wenn Forderungen unerfüllbar sind. Sagen Sie "Ja", sobald Sie Entscheidungen getroffen haben.
6.	**Seien Sie für Ihre Mitarbeiter ein verläßlicher Partner!** Ihre Mitarbeiter müssen sicher sein, daß einmal gegebene Versprechen eingehalten werden. Einmal gegebene Anordnungen müssen solange gültig bleiben, bis sich neue Erkenntnisse ergeben.
7.	**Seien Sie Ihren Mitarbeitern ein Vorbild!** Verlangen Sie von Ihren Mitarbeitern nie mehr, als Sie selbst in der Lage sind zu geben.
8.	**Vertrauen Sie Ihren Mitarbeitern!** Verschaffen Sie sich einen Überblick über Wissen und Können. Vertrauen Sie und versuchen Sie, weitere Aufgaben zu delegieren.
9.	**Sorgen Sie für Ihre Mitarbeiter!** Verlassen Sie sich bei der Beurteilung Ihrer Mitarbeiter nur auf sich selbst. Lassen Sie keine Vorurteile zu. Versuchen Sie, in Notlagen zu helfen.
10.	**Schützen Sie Ihre Mitarbeiter!** Achten Sie sorgfältig darauf, daß Sicherheitsvorschriften eingehalten werden.

Abbildung 7.1
Zehn Führungsgrundsätze

psychologischen Bereich. Die Mitarbeiter richtig zu erkennen, ihr Verhalten richtig einzuschätzen, setzt bei den Führungskräften grundlegende psychologische Kenntnisse voraus. Dazu gehört auch das Wissen über die unterschiedlichen Motivationslehren (zum Beispiel von A. Maslow). Beweggründe für das Handeln einzelner Mitarbeiter erfahren die Vorgesetzten nur dann, wenn sie sich Zeit nehmen für die Führung ihrer Mitarbeiter und für das Erkennen von Bedürfnissen. Die zehn Führungsgrundsätze, die Sie beachten sollten, sind in der Abbildung 7.1 (siehe Seite 160) zusammengefaßt.

7.5. Personalentwicklung

Es ist das Ziel der Personalentwicklung, die individuellen Entwicklungs- und Karriereziele mit den Zielen des Betriebes zu verbinden. Durch qualifizierte Maßnahmen der Mitarbeiterfortbildung (on-the-job-Fortbildung und out-of-the-job-Maßnahmen) sowie durch eine individuelle Laufbahnplanung sollen die Fähigkeiten und Kenntnisse der Mitarbeiter im Hinblick auf die Veränderungen der Arbeitsplätze und Tätigkeitsinhalte entwickelt (interne Personalbedarfsdeckung) und den Mitarbeitern die Chance zur weiterreichenden Befriedigung ihrer Bedürfnisse durch Aufstieg gegeben werden.
Die Erarbeitung eines Personalentwicklungskonzepts umfaßt grundsätzlich folgende Elemente:

- Bestandsaufnahme,
- Bedarfsplanung,
- Mitarbeiterbeschaffung und
- Qualifizierung (Aus- und Weiterbildung).

Einen Fragekatalog zur Personalentwicklung haben wir für Sie in der Tabelle 7.2 (siehe Seite 162) zusammengestellt.

Tabelle 7.2
Fragen zur Personalentwicklung

Beantworten Sie bitte folgende Fragen:

1. Wie soll sich über einen bestimmten Zeitraum hinweg die Zahl der Führungskräfte und Mitarbeiter entwickeln, untergliedert nach Bereichen/Abteilungen?
2. Wieviel Einstellungen wurden innerhalb der letzten Jahre vorgenommen und wie soll sich die Zahl der Neueinstellungen entwickeln?
3. Wie hoch soll zukünftig die Quote der Auszubildenden (Lehrlinge) sein, die übernommen werden?
4. Wie stellt sich die externe Fluktuation des Unternehmens dar (Gesamtabgänge/Übernahmen und Einstellungen der letzten Jahre)?
5. Wie lange bleiben die Mitarbeiter dem Unternehmen treu?
6. Wie ist der Entwicklungsstand der Mitarbeiter nach einem bestimmten Zeitraum?

7.6. Instrumente der Personalentwicklung

Für eine bedarfsgerechte und praxisnahe Personalentwicklungsplanung bietet sich der Einsatz folgender Instrumente an:

- Aufgabenbeschreibungen,
- Stellenbeschreibungen (auch Stellenbesetzungspläne),
- Anforderungsprofile,
- Mitarbeiterbeurteilungen,
- Fördergespräche,
- Laufbahnen,
- Ausbildung und
- Weiterbildung.

a) Aufgabenbeschreibungen
Hierbei handelt es sich um die Beschreibung der konkreten Aufgaben, die der Positions- bzw. Stelleninhaber zu bewältigen hat. Dabei werden die Aufgaben unterteilt in Führungsaufgaben und Sachaufgaben.

b) Stellenbeschreibungen
Stellenbeschreibungen sind um Fragen der Über- und Unterstellung erweiterte Aufgabenbeschreibungen.
In ihnen werden ebenso Abwesenheitsvertretungen, zum Beispiel im Krankheits- bzw. Urlaubsfall geregelt.

c) Anforderungsprofile
Anforderungsprofile werden aus den Aufgabenbeschreibungen abgeleitet.
Im Rahmen der Erarbeitung der Anforderungsprofile werden die Aufgaben beschrieben und gewichtet. Daraus werden die entsprechenden Anforderungen abgeleitet, die dann ebenfalls gewichtet werden.
Die Anforderungen beziehen sich sowohl auf fachliche als auch auf soziale Komponenten.

d) Mitarbeiterbeurteilungen
Die Aufgaben der Mitarbeiterbeurteilungen liegen einerseits darin, dem Mitarbeiter Stärken und Schwächen zu zeigen. Die Beurteilung zwingt den Vorgesetzten dazu, sich mit dem Mitarbeiter auseinanderzusetzen.
Unter anderem ist es das Ziel der Mitarbeiterbeurteilung, für

den Mitarbeiter entsprechende Fördermaßnahmen zu entwickeln und diese einzuleiten.
Mitarbeiterbeurteilungen können sich zum Beispiel auf die folgenden Bereiche beziehen: Leistungsvoraussetzungen, Leistungsverhalten, Sozialverhalten und Führungsverhalten.

e) Fördergespräch
Das Fördergespräch ist eine von mehreren möglichen Gesprächsformen. In ihm geht es darum, dem Mitarbeiter zu zeigen, welche Entwicklungsmöglichkeiten er hat und in welcher Art und Weise diese Möglichkeiten umzusetzen sind.

f) Laufbahnen
Laufbahnen zeigen dem Mitarbeiter verschiedene Möglichkeiten seiner zukünftigen Entwicklung.
In kleineren Betrieben werden den Mitarbeitern im Zuge der Zeit mehr Aufgaben übertragen. In größeren Betrieben erfolgt dies in der Regel derartig, daß der Mitarbeiter auf der "Karriereleiter" (im Rahmen der Laufbahn) eine nächsthöhere Position dann einnimmt, wenn die Beurteilung dieses rechtfertigt.

7.7. Personalauswahl

Im Rahmen der Personalauswahl geht es darum, denjenigen Mitarbeiter auszuwählen, der nach Einschätzung aller am Gewinnungsprozeß aktiv Beteiligten der richtige Mitarbeiter ist.
Die klassischen Auswahlverfahren umfassen die folgenden Schritte:
Erstens: Bewertung der Bewerbungsunterlagen auf Vollständigkeit und richtige Reihenfolge.
Zweitens: Einladung der Kandidaten, die nach Prüfung der Unterlagen als geeignet erscheinen.
Drittens: Gegebenenfalls Durchführung von Einstellungstests.
Viertens: Führung der Bewerber- und gegebenenfalls Einstellungsgespräche durch Fach- und Führungserfahrene.

Fünftens: Entscheidung über die Personaleinstellung.
Sechstens: Einstellung des Mitarbeiters und entsprechende Einarbeitung.
Das Institut für Führungs- und Arbeitsmethodik (IFAM) in 6945 Hirschberg bei Heidelberg, Schrisheimer Str. 11, empfiehlt bei der Personalsuche und -auswahl die Vorgehensweise, die wir für Sie in der Abbildung 7.2 (siehe Seite 166) aufbereitet haben.
Zunächst werden die Bewerber nach ihren Unterlagen beurteilt (vgl. Tabelle 7.3, Seiten 168 – 169).
Im zweiten Schritt wird das wichtige Vorstellungsgespräch geführt. In diesem Gespräch ist festzustellen, ob der Bewerber den gestellten Anforderungen gerecht wird.
Das Vorstellungsgespräch können Sie in fünf Phasen führen:

1. Phase: Eröffnung
Gegenseitige Begrüßung und Vorstellung . Dank für die Bewerbung und die Anreise. Zusammensetzen an einen neutralen Tisch. Getränke servieren. Zeit nehmen. Begründung der Einladung.

2. Phase: Information
Besprechung des Werdeganges des Bewerbers. Prüfung der gemachten familiären Angaben (Familienstand, Wohnort usw.).
Welche Schulen haben Sie besucht?
Welche Kurse haben Sie belegt?
Welche beruflichen Erfahrungen haben Sie?
In welchen Positionen haben Sie gearbeitet?
Welche Aufgaben haben Sie derzeit?
Wie ist und war die Zusammenarbeit mit Ihren Vorgesetzten?

3. Phase: Möglichkeiten
Darlegung der Möglichkeiten.
Warum wollen Sie sich verändern? (Motivation?)
Welche Pläne haben Sie?
Was schwebt Ihnen langfristig vor?

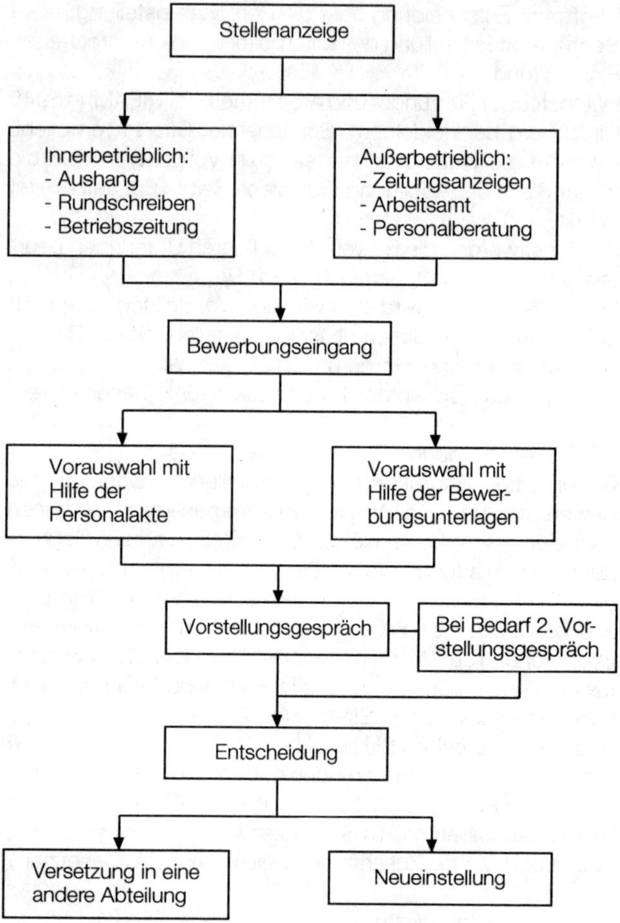

Abbildung 7.2
Vorgehensweise bei der Personalsuche

Wann möchten Sie beginnen?
Was wollen Sie verdienen?
Wir können Ihnen folgende Aufgaben bieten …
Was halten Sie davon?
Dabei haben Sie folgende Entwicklungsmöglichkeiten …
Was meinen Sie dazu?
Wir sind … (es folgen Informationen über das Unternehmen, die für den Bewerber von Interesse sind).

4. Phase: Vertragsplanung
Vertragsplanung mit dem Bewerber.
Interessieren Sie sich für die Aufgabe?
Wären Sie mit folgenden Bedingungen einverstanden?
(Es folgt die Abfassung des Arbeitsvertrages.)

5. Phase: Abschluß
Für das Gespräch danken und eine baldige Entscheidung versprechen (und halten). Eventuell ein notwendiges weiteres Gespräch ankündigen und um Einverständnis bitten.
Versuchen Sie, die für Sie wichtigen Merkmale entsprechend dem Anforderungskatalog mehrmals zu sichern? Zum Beispiel: Wo hat der Bewerber seine Kontaktfähigkeit bewiesen? Wo hat er sein Verkaufskönnen bewiesen? Bei Vorstellungen zeigt sich jeder von seiner besten Seite. Sie müssen also die Auskünfte überprüfen. Außerdem müssen Sie sich selbst überprüfen, ob Sie nicht eigenen Wünschen und Vorurteilen unterliegen. Der erste Eindruck kann täuschen.
Für eine erste Vorstellung kann eine Stunde reiche. Für eine engere Auswahl sollte man mindestens drei Stunden ansetzen. Zur Endauswahl von Führungskräften sollte man mindestens einen Tag reservieren.
Eine Fehlbesetzung kostet, wenn in der Probezeit gekündigt werden muß, etwa ein Jahresgehalt (= Fluktuationskosten bestehend aus den Kosten für Anwerbung, Auswahl, Einstellung, Minderleistungen, Entlassung und Anwerbung eines neuen Mitarbeiters. Detaillierte Untersuchungen haben erge-

Tabelle 7.3
Mitarbeiter-Fragebogen

Persönliche Daten

Vorname: .... Zuname: ....
Straße: .... Wohnort: ....
Telefon privat: .... geschäftlich: ....
Geboren am: .... in: ....
Staatsangehörigkeit: ....
Krankenkasse:.................. Führerschein Klasse: ....
Zahl der Kinder: ....

Ausbildung	wo	von – bis
Grundschule		
Weiterführende Schule (Haupt-, Realschule, Gymnasium) und Schulabschluß:		
Fachschule bzw. Fachhochschule		
Hochschule, Universität		
Sonstige Ausbildung (Kurse, Lehrgänge)		
Wehr- oder Ersatzdienst		
Sprachkenntnisse in:		

Beruflicher Werdegang (einschließlich Lehrzeit und stellenloser Zeiten)

Firma/Branche	Position/Aufgaben	von – bis	Jahre

Sind Sie in ungekündigter Stellung? .... Wie hoch ist Ihr derzeitiges Einkommen? .... Wann könnten Sie beginnen? .... Was möchten Sie künftig verdienen? ....

Datum: .... Unterschrift: ....

ben, daß man mit Kosten in der Höhe von mindestens einem Jahresgehalt rechnen muß!)
In dem nun folgenden Schritt geht es darum, aus den Bewerbern den geeignetsten auszuwählen. Als Hilfsmittel zur Entscheidungsfindung empfiehlt es sich, das in Abbildung 7.3 (siehe Seite 170) dargestellte Entscheidungsprofil einzusetzen. Bei dieser Entscheidungstechnik wird das Anforderungsprofil dem Eignungsprofil gegenübergestellt. Das Anforderungsprofil haben wir aus dem Anforderungskatalog erstellt und in das Formblatt eingetragen. Das Eignungsprofil können wir nach den Bewerbungsunterlagen und Vorstellungsgesprächen eintragen. Dabei vergleichen wir die einzelnen Bewerber.
Die Entscheidung können wir ablesen. Sie ist das Eignungsprofil, das am nächsten dem Anforderungsprofil liegt. Der künftige Mitarbeiter sollte weder unterqualifiziert noch unnötig überqualifiziert für die Tätigkeit sein.

7.8. Ziele der Ausbildung und Fortbildung

Die Konkurrenzfähigkeit der Betriebe ist u. a. abhängig von der Qualität ihrer Mitarbeiter. Es ist festzustellen, daß Mitarbeiter in der benötigten Qualität in der Regel nicht vorhanden sind, weder am Markt noch von externen Ausbildungsstätten. Unter den Aspekten der fachlichen Anpassung und der

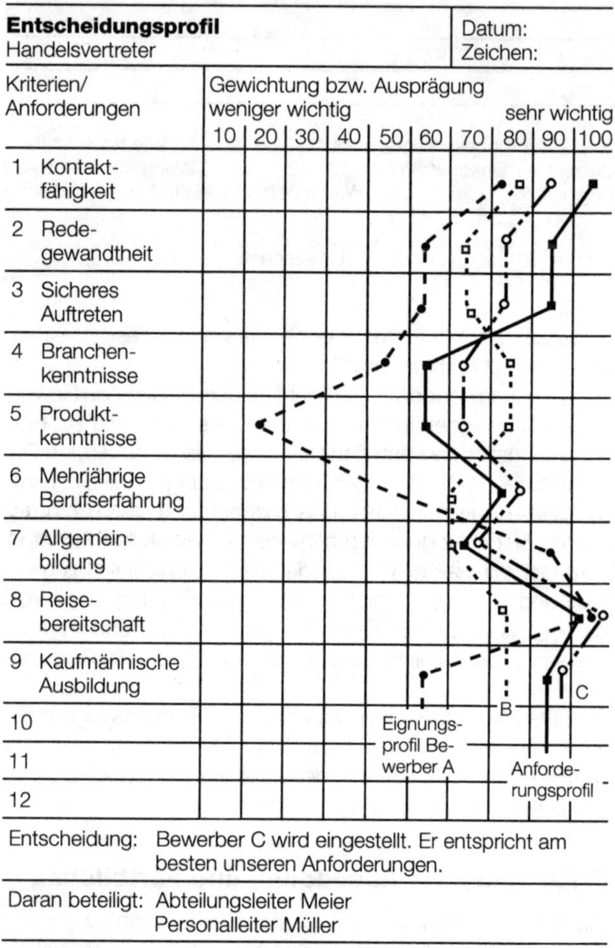

Abbildung 7.3
Entscheidungsprofile

Personalentwicklung ist folglich die Aus- und Fortbildung notwendig. Die Ziele der Ausbildung lassen sich wie folgt formulieren:

- Sicherstellung einer ausreichenden Anzahl qualifiziert ausgebildeter Mitarbeiter,
- Nachwuchsauslese nach eigenen Kriterien,
- Gestaltung der Ausbildungsinhalte gemäß betrieblicher Belange,
- Einfluß auf die Persönlichkeitsentwicklung und
- sozialpolitische Verantwortung.

Die Ziele der fachlichen Fortbildung (bzw. Weiterbildung) lassen sich wie folgt definieren:

- Vorbereitung auf neue Tätigkeiten (Umsetzungen aufgrund struktureller Änderungen, Weiterentwicklung in höherwertigen Aufgaben),
- fachliche Vorbereitung von Führungsnachwuchskräften und
- tätigkeitsbegleitende Wissensvermittlung, aufbauend auf die Ausbildung (Abrundung des Wissens, Sicherheit im Umgang mit Kunden und Kollegen, Qualität der Arbeitsdurchführung).

7.9. Die Ausbildung

Der Zweck der beruflichen Ausbildung liegt

- in der Vermittlung von Kenntnissen (= theoretisches Können) und Fertigkeiten (= praktisches Können) durch planmäßiges Vorgehen nach von staatlicher Seite vorgegebenen Ordnungen (§ 6,1.1 Berufsbildungsgesetz) und
- in der charakterlichen Förderung des Auszubildenden (§ 6, 1.5 Berufsbildungsgesetz).

Das Ausbildungsverhältnis ist deshalb zugleich auch ein Erziehungsverhältnis.

Aus personalpolitischer Sicht stellt die Ausbildung im kaufmännischen und im gewerblichen Bereich die wesentlichste

Quelle zur Entwicklung von Mitarbeitern – vor allem im Bereich des Mittelstandes – dar.
Aus rechtlicher Sicht läßt sich sagen, daß das Berufsausbildungsverhältnis ein Verhältnis besonderer Art ist. Der Gesetzgeber sieht zwar vor, daß die für den Arbeitsvertrag geltenden Rechtsvorschriften und Rechtsgrundsätze anzuwenden sind, allerdings nur insoweit, soweit sich aus seinem Wesen und Zweck auch aus dem Berufsbildungsgesetz (BBiG) nichts anderes ergibt.
Die in der Bundesrepublik durchgeführte Ausbildung zeichnet sich durch ihren "dualen" Charakter aus. Was heißt das? Einerseits findet die Ausbildung, und zwar der praktische Teil, in den Ausbildungsbetrieben statt, andererseits wird der theoretische Teil an den Berufsschulen behandelt. Im Rahmen der Ausgestaltung des Unterrichts an den Schulen unterscheiden wir grundsätzlich zwei Formen: den Blockunterricht und den Phasenunterricht. Im Rahmen des Blockunterrichts sind die Teilnehmer mehrere Wochen (zum Beispiel vier oder sechs Wochen) hintereinander in der Berufsschule, um den theoretischen Stoff en bloc vermittelt zu erhalten. Innerhalb des Phasenunterrichts besuchen die Auszubildenden die Berufsschule ein- oder mehrmals wöchentlich.
Der Ausbildungsbetrieb muß sicherstellen, daß die Berufsausbildung in dem bestimmten Ausbildungsberuf geordnet erfolgt und der Auszubildende Kenntnisse und Fertigkeiten erlangt, die den technischen, wirtschaftlichen und gesellschaftlichen Erfordernissen einer qualifizierten beruflichen Tätigkeit gerecht werden.

7.10. Die Weiterbildung

Im Rahmen dieser Veröffentlichung sind die Begriffe Fort- und Weiterbildung synonym zu verstehen.
Nach dem Berufsbildungsgesetz (BBiG) vom 14. August 1969 soll die berufliche Fortbildung es ermöglichen, die beruflichen Kenntnisse und Fertigkeiten zu erhalten, zu erwei-

tern, der technischen Entwicklung anzupassen oder aufzusteigen.
Das zeigt, wie Weiterbildung zu sehen ist:
- als Aufstiegsweiterbildung,
- als Anpassungsweiterbildung.

a) Aufstiegsweiterbildung
In der Bundesrepublik kennen wir die akademische Vor- und Weiterbildung als Qualifikationsvoraussetzung ausschließlich im öffentlichen Dienst.
Für bestimmte Funktionen der Wirtschaft sind akademische Vorbildungen ebenfalls notwendig, so zum Beispiel ist für die Mitarbeit in einer Rechtsabteilung in einer bestimmten Funktion (zum Beispiel als Rechtsanwalt oder Syndikus) unerläßlich, Rechtswissenschaften studiert zu haben.
Daneben kennen wir auch die betrieblichen oder verbandseigenen Schulungseinrichtungen, die eine Aufstiegsweiterbildung ermöglichen (zum Beispiel in der Sparkassenorganisation des Kreditwesens).

b) Anpassungsweiterbildung
Die überwiegenden Maßnahmen, die in der Weiterbildung durchgeführt werden, sind als Anpassungsweiterbildungsmaßnahmen jeweils die für die Tätigkeit erforderlichen neuesten Kenntnisse zu vermitteln, zum Beispiel im Rahmen der neuesten Rechtsprechungen ebenso wie bei Veränderungen in technischen Verfahrensweisen oder bei neuen Management-Methoden.

ZEHN x 10

8. Rechnungswesen und Steuern

von Reinhard Weiser

8.1. Einnahmen- und Ausgabenrechnung
8.2. Kaufmännische Buchführung
8.3. Inventar
8.4. Eröffnungsbilanz und Jahresabschluß
8.5. Abschlußprüfung und Offenlegungspflicht
8.6. Überblick über das Steuersystem
8.7. Einzelne Steuerarten
8.8. Ermittlung der Besteuerungsgrundlagen
8.9. Steuerwirkungen und Steuervermeidung
8.10. Rechtsschutz in Steuersachen

8.1. Einnahmen- und Ausgabenrechnung

Jede Art von Buchführung verfolgt mit der Aufzeichnung von Geschäftsvorfällen außer dem Zweck der Dokumentation auch das Ziel der Erfolgsermittlung. Die einfachste Form der Buchführung ist die chronologische und nach sachlichen Gesichtspunkten gegliederte Aufzeichnung von Einnahmen und Ausgaben, die am Ende der Abrechnungsperiode (Wirtschaftsjahr oder Rumpfwirtschaftsjahr) in eine Gegenüberstellung der Einnahmen und Ausgaben zur Ermittlung des Gewinns oder Verlustes mündet (Überschußrechnung). Unter Einnahmen und Ausgaben sind dabei nicht nur Kassenbewegungen, sondern auch Zahlungen über Bank- und Postgirokonten zu verstehen.

Es sind aber nur solche Zahlungsvorgänge zu erfassen bzw. in die Überschußrechnung aufzunehmen, die im Falle von Einnahmen die Leistungserstellung des Betriebes und im Falle von Ausgaben einen Aufwand des Betriebes repräsentieren. Zahlungsbewegungen zwischen den Geldkonten, die Aufnahme und Rückzahlung von Krediten sowie private Zahlungsvorgänge dürfen die Überschußermittlung nicht beeinflussen.

Eine Ausnahme von den geschilderten Grundsätzen gilt für Gegenstände des Anlagevermögens. Das sind Gegenstände, die langfristig, das heißt länger als ein Jahr genutzt werden. Eine Aufwandsverrechnung dieser Gegenstände zum Zeitpunkt der Bezahlung würde die betreffende Abrechnungsperiode im Vergleich zu anderen Perioden zu stark belasten. Für diese Gegenstände darf daher ein Abzug der Ausgaben nur durch Abschreibungen vom Anschaffungswert entsprechend ihrer zeitlichen Nutzung erfolgen. Die Abschreibungen bringen den Wertverzehr der Gegenstände zum Ausdruck.

Die einfache Form der Abrechnung durch Gegenüberstellung von Einnahmen und Ausgaben ist steuerlich nur zulässig für Angehörige der freien Berufe sowie für Gewerbetreibende,

die nicht schon nach anderen Vorschriften zur kaufmännischen Buchführung verpflichtet sind und außerdem mit ihrem Gewerbebetrieb keine der folgenden Grenzen überschreiten:
- Umsatz: 500 000,– DM
- Betriebsvermögen: 125 000,– DM
- Gewinn: 36 000,– DM

Ist zu erwarten, daß ein Gewerbebetrieb eine dieser Grenzen bereits kurz nach der Gründung überspringen wird, so ist ihm von vornherein die kaufmännische Buchführung anzuraten.

8.2. Kaufmännische Buchführung

Die kaufmännische Buchführung unterscheidet sich von der Einnahmen- und Ausgabenrechnung, die nur an erfolgswirksame Zahlungsvorgänge anknüpft, in zwei wesentlichen Punkten:
- Sie erfaßt sämtliche Geschäftsvorteile, also auch erfolgsneutrale Zahlungsvorgänge und unbare Geschäftsvorfälle.
- Sie bestimmt Aufwand und Ertrag nicht nach dem Zahlungszeitpunkt, sondern nach dem tatsächlichen Zeitpunkt des Güterverbrauchs bzw. der Leistungserstellung.

Die erste Unterscheidung führt dazu, daß die kaufmännische Buchführung nicht nur eine Erfolgs-, sondern auch eine Vermögensrechnung erlaubt. Der Einkauf von Waren oder Material sowie der Verkauf von Waren oder Fertigprodukten werden getrennt von ihrer späteren Bezahlung gebucht. Dadurch werden in der Buchführung Entstehung und Abwicklung von Verbindlichkeiten und Forderungen gezeigt. Die eingekauften Waren und Materialien bilden als Vorräte Vermögensgegenstände, bis sie verkauft oder in den Produktionsprozeß eingesetzt werden. Entsprechend bilden auch die hergestellten halbfertigen und fertigen Produkte Vorratsvermögen bis zu ihrem Verkauf. Anlagegegenstände bilden Vermögensposten jeweils in Höhe des Restbuchwertes, das heißt der um Ab-

schreibungen geminderten Anschaffungs- oder Herstellungskosten.
Der zweite Unterschied bewirkt eine periodengerechte Zuordnung von Aufwand und Ertrag. Der auf diese Weise für ein Jahr ermittelte Gewinn oder Verlust spiegelt das tatsächliche wirtschaftliche Ergebnis dieses Jahres wider, unabhängig davon, wann mehr oder weniger zufällig die eingekauften Waren und Materialien vom Unternehmer und die verkauften Waren und Produkte vom Abnehmer bezahlt worden sind. Damit ist gleichzeitig die Vergleichbarkeit der einzelnen Jahresergebnisse im Zeitablauf gewährleistet.
Die Aussagefähigkeit der Buchführung erfordert, daß die Geschäftsvorteile zeitnah, richtig und vollständig erfaßt werden. Kassenein- und -ausgänge sollen täglich aufgezeichnet werden. Als ordnungsmäßig gilt eine Buchführung nur dann, wenn ein sachverständiger Dritter innerhalb angemessener Zeit einen Überblick über die Geschäftsvorteile und die Lage des Betriebes gewinnen kann. Dieses Erfordernis schließt auch eine geordnete Belegablage und die Aufbewahrung der Belege und Handelsbücher entsprechend den vorgeschriebenen Fristen ein.
Für die Gliederung des Buchungsstoffes empfiehlt sich die Verwendung eines Kontenrahmens, wie er von verschiedenen Institutionen, u. a. den großen Rechenzentren, für Wirtschaftsgruppen und einzelne Branchen angeboten wird.
Die technische Handhabung der Buchführung ist jedem Unternehmer freigestellt. Die Bücher können manuell in Form eines amerikanischen Journals oder einer Durchschreibebuchführung, maschinell oder mit Hilfe der elektronischen Datenverarbeitung geführt werden. Der Einsatz der elektronischen Datenverarbeitung empfiehlt sich vor allem deshalb, weil mit ihrer Hilfe kurzfristig, meist monatlich, betriebswirtschaftliche Auswertungen gewonnen werden können, die eine schnelle Information der Betriebsleitung gewährleisten und ihr damit die Möglichkeit geben, Veränderungen im Be-

triebsgeschehen frühzeitig zu erkennen und darauf zu reagieren. Bei entsprechender Programmgestaltung lassen sich die Werte des laufenden Jahres mit den entsprechenden Werten des Vorjahres vergleichen. Auch die Vorgabe von Planzahlen ist möglich. Ist eine hauseigene Datenverarbeitungsanlage nicht vorhanden, können die Auswertungsarbeiten an ein Rechenzentrum vergeben werden.
Haben der Unternehmer und auch seine Mitarbeiter keine ausreichenden Kenntnisse der Buchführung und des Steuerrechts, empfiehlt sich die Vergabe der Buchführung außer Haus an einen Steuerberater, der seinerseits meist mit einem großen Rechenzentrum zusammenarbeiten wird.
Die kaufmännische Buchführung ist handelsrechtlich vorgeschrieben für Vollkaufleute, steuerlich darüber hinaus auch für Gewerbetreibende, die eine der im vorangegangenen Abschnitt aufgeführten Grenzen hinsichtlich des Umsatzes, des Betriebsvermögens oder des Gewinns überschreiten.

8.3. Inventar

Sowohl handelsrechtlich, als auch steuerlich haben Unternehmen, die zur kaufmännischen Buchführung verpflichtet sind, zu Beginn ihrer Tätigkeit und zum Schluß eines jeden Geschäftsjahres ein Inventar anzufertigen. Es handelt sich dabei um eine detaillierte Aufstellung sämtlicher Vermögensgegenstände und Schulden aufgrund einer körperlichen Bestandsaufnahme (Inventur).
Besondere Bedeutung hat die Inventur für das Vorratsvermögen, das Roh-, Hilfs- und Betriebsstoffe, unfertige und fertige Erzeugnisse sowie Waren umfaßt. Die Gegenstände werden gezählt, gemessen oder gewogen. Schätzungen sind nur hilfsweise erlaubt, wenn die Feststellung der Bestände in anderer Weise nicht möglich oder wirtschaftlich nicht vertretbar ist.
Grundsätzlich ist die Inventur auf den Bilanzstichtag durchzuführen. Eine zeitnahe Durchführung innerhalb von 10 Tagen

oder nach dem Bilanzstichtag genügt, wenn sichergestellt wird, daß zwischenzeitliche Bestandsveränderungen erfaßt und berücksichtigt werden. Inventurvereinfachungsverfahren sind zugelassen, soweit sie den Grundsätzen ordnungsmäßiger Buchführung entsprechen. Es handelt sich dabei um Verfahren der Stichprobeninventur mit Hilfe anerkannter mathematisch-statistischer Methoden, der permanenten Inventur und der vor- oder nachverlegten Stichtagsinventur. Bei Gegenständen des Anlagevermögens ist eine jährliche Inventur nicht erforderlich, wenn – wie auch zweckmäßig – ein Anlagenverzeichnis geführt wird, das die genaue Bezeichnung des Gegenstandes, das Datum des Zugangs, die Anschaffungs- oder Herstellungskosten, die Abschreibungen und den Restbuchwert enthält.
Bei anderen Vermögensgegenständen und bei Schulden ist der Bestand für den Stichtag durch Kassenprotokolle, Kontoauszüge und Saldenlisten sowie durch Saldenbestätigungen der Geschäftspartner nachzuweisen.

8.4. Eröffnungsbilanz und Jahresabschluß

Wer zur kaufmännischen Buchführung verpflichtet ist, hat zu Beginn seiner Geschäftstätigkeit eine Eröffnungsbilanz und zum Schluß eines jeden Geschäftsjahres einen Jahresabschluß aufzustellen. Für die Aufstellung der Eröffnungsbilanz sind die für den Jahresabschluß geltenden Vorschriften entsprechend anzuwenden, soweit sie sich auf die Bilanz beziehen.
Von der Eröffnungsbilanz zu Beginn einer Tätigkeit ist die DM-Eröffnungsbilanz von bereits bestehenden Betrieben zu unterscheiden, die nach dem Staatsvertrag zwischen der Bundesrepublik Deutschland und der Deutschen Demokratischen Republik zum 1. Juli 1990 anläßlich der Währungsunion aufzustellen ist. Für die Aufstellung dieser DM-Eröffnungsbilanz ist durch den Einigungsvertrag ein besonderes Gesetz erlassen.

Der Jahresabschluß besteht aus Bilanz und Gewinn- und Verlustrechnung sowie bei Kapitalgesellschaften zusätzlich aus einem Anhang, in dem ergänzende Erläuterungen gegeben werden müssen. Das Handelsgesetzbuch unterscheidet dementsprechend bei seinen Vorschriften über den Jahresabschluß zwischen solchen, die für alle Kaufleute und solchen, die nur für Kapitalgesellschaften gelten. Letztere finden wiederum unterschiedliche Anwendung, je nachdem, ob es sich um eine kleine, eine mittelgroße oder eine große Kapitalgesellschaft handelt. Die Unterscheidung nach der Größe erfolgt anhand der Bilanzsumme, des Umsatzes und der Beschäftigtenzahl.
Für alle Unternehmen gilt, daß der Jahresabschluß nach den Grundsätzen ordnungsmäßiger Buchführung aufzustellen ist. Er muß klar und übersichtlich sein und sämtliche Vermögensgegenstände und Schulden, Aufwendungen und Erträge enthalten. Aktiva dürfen nicht mit Passiva und Aufwendungen nicht mit Erträgen saldiert werden.
Der Jahresabschluß ist in einer dem ordnungsmäßigen Geschäftsgang entsprechenden Zeit aufzustellen, von großen und mittelgroßen Kapitalgesellschaften in den ersten drei Monaten und von kleinen Kapitalgesellschaften in den ersten sechs Monaten des folgenden Geschäftsjahres.
Hinsichtlich der Gliederung von Bilanz und Gewinn- und Verlustrechnung gibt das Gesetz eingehende Vorschriften für Kapitalgesellschaften. Für alle übrigen Kaufleute beschränkt es sich auf den Hinweis, daß in der Bilanz das Anlagevermögen und Umlaufvermögen, das Eigenkapital, die Schulden sowie die Rechnungsabgrenzungsposten gesondert auszuweisen und hinreichend aufzugliedern sind.
Für die Bewertung in der Bilanz ist von Fortführungs- und nicht etwa von Liquidationsgesichtspunkten auszugehen. Im vorangegangenen Jahresabschluß angewandte Bewertungsmethoden sollen beibehalten werden. Beherrschender Gesichtspunkt für die Bewertung ist der Grundsatz der Vorsicht. Er findet seine Ausprägung in den folgenden vier Prinzipien:

Erstens: Realisationsprinzip
Es besagt, daß Gewinne und Verluste erst dann ausgewiesen werden dürfen, wenn sie durch den Umsatzprozeß verwirklicht worden sind. Die Möglichkeit, Vermögensgegenstände später mit Gewinn veräußern zu können oder mit Verlust absetzen zu müssen, rechtfertigt nicht die Berücksichtigung dieser Wertsteigerungen oder Wertverluste in der Bilanz.

Zweitens: Imparitätsprinzip
Es schränkt das Realisationsprinzip für den Fall von Verlusten ein. Es besagt, daß außer den realisierten Gewinnen und Verlusten auch bereits verursachte, aber noch nicht durch den Umsatzprozeß bestätigte Verluste berücksichtigt werden müssen.

Drittens: Niederstwertprinzip für Vermögensgegenstände
Dieses Prinzip fordert, daß von zwei möglichen Werten, den Anschaffungs- oder Herstellungskosten einerseits und dem Börsen- oder Marktpreis andererseits, jeweils der niedrigere angesetzt werden muß (strenges Niederstwertprinzip) oder darf (gemildertes Niederstwertprinzip).

Viertens: Höchstwertprinzip für Verbindlichkeiten
Die analoge Anwendung des Niederstwertprinzips für die Passivseite der Bilanz besagt, daß bei Wertschwankungen (zum Beispiel von Auslandsschulden durch Veränderung der Währungsrelationen) der höhere Wert von zwei möglichen Wertansätzen, dem Wert am Tage des Entstehens der Verpflichtung und dem Wert am Bilanzstichtag, zu berücksichtigen ist. Obergrenze für den Ansatz von Vermögensgegenständen bilden stets die Anschaffungs- oder Herstellungskosten. Bei Gegenständen des Anlagevermögens sind diese um die planmäßigen Abschreibungen zu mindern. Außerplanmäßige Abschreibungen dürfen (gemildertes Niederstwertprinzip) vorgenommen werden, wenn die Gegenstände am Bilanzstichtag einen niedrigeren Wert haben. Sie müssen (stren-

ges Niederstwertprinzip) vorgenommen werden, wenn die Wertminderung voraussichtlich von Dauer ist.
Für Gegenstände des Umlaufvermögens gilt ausschließlich das strenge Niederstwertprinzip. Ist der Börsen- oder Marktpreis am Bilanzstichtag niedriger als die Anschaffungs- oder Herstellungskosten, so muß er angesetzt werden. Niedrigere Wertansätze sind außerdem zulässig, soweit sie erforderlich sind, um zu verhindern, daß in der nächsten Zukunft der Wertansatz der Vermögensgegenstände aufgrund von Wertschwankungen geändert werden muß. Sie sind ferner im Rahmen vernünftiger kaufmännischer Beurteilung zulässig und außerdem, wenn sie auf steuerrechtlichen Vorschriften beruhen.
Für Kapitalgesellschaften gelten die Möglichkeiten des niedrigeren Wertansatzes außerhalb des Niederstwertprinzips nur teilweise. In bestimmten Fällen besteht sogar ein Wertaufholungsverbot, wenn die Voraussetzungen für den niedrigeren Wertansatz entfallen.
Aufwendungen für die Gründung des Unternehmens und die Beschaffung des Eigenkapitals dürfen in der Bilanz nicht aktiviert werden. Kapitalgesellschaften dürfen lediglich Aufwendungen für die Ingangsetzung und Erweiterung des Geschäftsbetriebes in die Bilanz aufnehmen, müssen diese Kosten aber innerhalb der nächsten vier Jahre abschreiben.
Für immaterielle Vermögensgegenstände des Anlagevermögens, die nicht entgeltlich erworben worden sind, besteht ein generelles Aktivierungsverbot.
Rückstellungen sind für ungewisse Verbindlichkeiten und für drohende Verluste aus schwebenden Geschäften, im bestimmten Rahmen für unterlassene Instandhaltungen sowie für Gewährleistungen, die ohne rechtliche Verpflichtung erbracht werden, zu bilden. Sie dürfen außerdem für bestimmte Aufwendungen gebildet werden, die dem abgelaufenen oder einem früheren Geschäftsjahr zuzuordnen sind und am Bilanzstichtag wahrscheinlich oder sicher und nur ihrer Höhe oder des Zeitpunktes ihres Eintritts nach unbestimmt sind.

Der Anhang als dritter Teil des Jahresabschlusses von Kapitalgesellschaften erfordert eine Fülle zusätzlicher Angaben, die aus der Bilanz und der Gewinn- und Verlustrechnung nicht ersichtlich sind. Als Beispiele sollen erwähnt werden:

- Angaben über angewandte Bilanzierungs- und Bewertungsmethoden,
- Angaben über Abweichungen von Bilanzierungs- und Bewertungsmethoden des Vorjahres nebst Begründung für die Abweichung und Darstellung der Auswirkungen,
- Angaben über Verbindlichkeiten mit einer Restlaufzeit von mehr als fünf Jahren,
- Angaben über Verbindlichkeiten, die durch Pfandrechte oder ähnliche Rechte gesichert sind, unter Angabe von Art und Form der Sicherheiten.

Der Jahresabschluß ist eine wesentliche Erkenntnisquelle für die Geschäftsführung, die Anteilseigner und die Gläubiger, insbesondere die Banken. Er gestattet Aussagen über die Vermögens- und Finanzstruktur, die Liquiditätslage am Stichtag und die Ertragskraft des Unternehmens. Er dient außerdem in vielfältiger Weise der Ermittlung von Besteuerungsgrundlagen.

8.5. Abschlußprüfung und Offenlegungspflicht

Für mittelgroße und große Kapitalgesellschaften ordnet das Handelsgesetzbuch eine Prüfung des Jahresabschlusses an. Ohne Prüfung kann der Jahresabschluß nicht festgestellt werden.

Der Abschlußprüfer wird von der Gesellschaft gewählt. Es kommen dafür Wirtschaftsprüfer und im Falle der mittelgroßen Gesellschaft auch vereidigte Buchprüfer in Betracht. Gegenstand der Prüfung ist die Buchführung, der Jahresabschluß und der von der Gesellschaft aufzustellende Lagebericht. Die Prüfung hat sich darauf zu erstrecken, ob die gesetzlichen Bestimmungen und sie ergänzende Bestimmungen des Gesellschaftsvertrages oder der Satzung beachtet worden sind. Der Lagebericht ist darauf zu prüfen, ob er mit dem Jahresabschluß in Einklang steht und die sonstigen Angaben nicht eine falsche Vorstellung von der Lage des Unternehmens erwecken. Bei Einwendungen hat der Abschlußprüfer den Bestätigungsvermerk einzuschränken oder zu versagen. Unverzüglich nach Vorlage an die Gesellschafter, spätestens jedoch innerhalb von neun Monaten des folgenden Geschäftsjahres, haben die gesetzlichen Vertreter der Gesellschaft den Jahresabschluß mit dem Bestätigungsvermerk oder dem Vermerk über die Versagung zusammen mit dem Lagebericht und ggf. einem Vorschlag für die Verwendung des Jahresergebnisses oder dem Beschluß über die Verwendung des Jahresergebnisses dem Handelsregister einzureichen. Die Unterlagen sind dort für jedermann einzusehen. Für mittelgroße und kleine Kapitalgesellschaften sind Erleichterungen vorgesehen. Große Kapitalgesellschaften müssen die einzureichenden Unterlagen vorher öffentlich bekanntmachen.

8.6. Überblick über das Steuersystem

Steuern sind nach gesetzlicher Definition Geldleistungen, die nicht eine Gegenleistung für eine besondere Leistung darstellen. Sie werden von einem öffentlich-rechtlichen Gemeinwesen zur Erzielung von Einnahmen allen auferlegt werden, bei denen der Tatbestand zutrifft, an den das Gesetz die Leistungspflicht anknüpft. Die Erzielung von Einnahmen kann dabei Nebenzweck sein. Dies hat dazu geführt, daß mit Hilfe des Steuergesetzes auch wirtschaftspolitische Ziele verfolgt werden und dadurch das ohnehin schon schwierige Steuerrecht weiterhin kompliziert wird. Welcher Tatbestand vom Staat besteuert wird, ist ihm freigestellt. Es gibt daher eine Fülle unterschiedlicher Steuergesetze.
Die Einteilung der Steuern kann nach verschiedenen Gesichtspunkten vorgenommen werden. Nach der Wirkung

unterscheidet man direkte und indirekte Steuern. Direkte Steuern werden unmittelbar von demjenigen erhoben, den sie wirtschaftlich treffen sollen (zum Beispiel Einkommensteuer). Indirekte Steuern werden von einem anderen erhoben, als demjenigen, den sie wirtschaftlich treffen sollen (zum Beispiel Umsatzsteuer). Steuerschuldner und Steuerträger fallen infolge der Überwälzung der Steuer auseinander.
Nach dem Gegenstand der Besteuerung lassen sich die Steuern wie folgt untergliedern:

A) Personensteuern (Subjektsteuern)
  a) Besitzsteuern
    aa) vom Einkommen und Ertrag: Einkommensteuer, Körperschaftsteuer
    bb) vom Vermögen: Vermögensteuer, Erbschaftsteuer
  b) Verkehrsteuern: Umsatzsteuer, Grunderwerbsteuer, Versicherungssteuer
  c) Zölle
  d) Verbrauchsteuern: Zucker-, Salz-, Tabak-, Kaffee-, Tee-, Schaumwein-, Bier- und Getränkesteuer, Branntweinmonopolabgaben
B) Realsteuern (Objektsteuern): Gewerbesteuer, Grundsteuer

Aus der Definition des Steuerbegriffs ergibt sich vor allem auch der Grundsatz der Gleichmäßigkeit der Besteuerung. Dieser ist Ausdruck des Grundsatzes der Steuergerechtigkeit. Gleichmäßigkeit der Besteuerung bedeutet jedoch im Hinblick auf den Steuertarif nicht, daß nur proportionale Tarife zulässig wären. Da beispielsweise mit steigendem Einkommen die wirtschaftliche Leistungsfähigkeit des Steuerpflichtigen überproportional wächst, ist gerade im Bereich der Einkommensteuer die Steuererhebung nach einem progressiven Tarif statthaft.

8.7. Einzelne Steuerarten

Die Steuergesetze der Bundesrepublik Deutschland wurden durch den Staatsvertrag iür das Gebiet der ehemaligen Deutschen Demokratischen Republik übernommen. Umsatzsteuer und Lohnsteuer sowie die Abgabenordnung ab 1. Juli 1990, alle anderen Steuergesetze ab 1. Januar 1991. Im folgenden soll ein kurzer Überblick über die wichtigsten Steuern für Freiberufler und Unternehmer gegeben werden.

Einkommensteuer:

Das Einkommensteuerrecht kennt sieben Einkunftsarten, darunter Einkünfte aus selbständiger Arbeit und Einkünfte aus Gewerbebetrieb. Gewinne aus diesen beiden Einkunftsarten werden mit den anderen Einkunftsarten zusammengerechnet. Eventuelle Verluste bei diesen Einkunftsarten können zunächst mit den anderen Einkunftsarten verrechnet werden. Soweit ein solcher Verlustausgleich nicht möglich ist, können Verluste auch in andere Veranlagungszeiträume zurück- und vorgetragen werden.

Aus der Summe der Einkünfte ergibt sich nach Abzug eines eventuellen Ausbildungsplatz-Abzugsbetrages, eines eventuellen Altersentlastungsbetrages, der Sonderausgaben, der außergewöhnlichen Belastungen sowie der Kinderfreibeträge und sonstiger Abzugsbeträge das zu versteuernde Einkommen. Auf dieses findet der progressive Tarif Anwendung. Er setzt mit 19 Prozent ein und endet bei 53 Prozent. Für Eheleute gilt bei Zusammenveranlagung ein Splittingtarif. Das zu versteuernde Einkommen wird halbiert und der sich dafür aus der Grundtabelle ergebende Steuerbetrag verdoppelt. Dadurch tritt wegen der Progression des Tarifs eine erhebliche Vergünstigung im Vergleich zu einer getrennten Veranlagung der Eheleute ein. Auf die Einkommensteuer sind vierteljährlich Vorauszahlungen zu entrichten. Die Abschlußzahlung ist aufgrund einer Veranlagung nach Ablauf des Kalenderjahres zu leisten.

Körperschaftsteuer
Sie ist die Einkommensteuer der Kapitalgesellschaften. Besteuerungsgrundlage ist das nach den Vorschriften des Einkommensteuergesetzes und des Körperschaftsteuergesetzes zu ermittelnde Einkommen. Der Steuersatz beträgt 50 Prozent für thesaurierte und 36 Prozent für ausgeschüttete Gewinne. Die Steuer auf ausgeschüttete Gewinne wird den Anteilseignern bescheinigt und kann von diesen auf die von ihnen zu entrichtende Einkommensteuer angerechnet werden.
Für Vorauszahlungen und Abschlußzahlungen gilt dasselbe wie bei der Einkommensteuer.

Gewerbesteuer
Die Gewerbesteuer setzt sich aus der Gewerbeertragsteuer und der Gewerbekapitalsteuer zusammen. Der Gewerbeertrag wird durch Hinzurechnungen und Kürzungen aus dem für Zwecke der Einkommensteuer oder Körperschaftsteuer ermittelten Gewinn abgeleitet. Für Hinzurechnungen und Kürzungen gibt es verschiedene Gründe. Aus dem Charakter der Gewerbesteuer als Realsteuer ergibt sich beispielsweise eine Hinzurechnung von Zinsen für Dauerschulden, weil der Ertrag des Betriebes ohne Rücksicht auf die Art seiner Finanzierung besteuert werden soll. Andererseits erfolgt eine Kürzung des Gewinns um 1,2 Prozent des Einheitswertes der Betriebsgrundstücke, weil eine Doppelbelastung mit einer weiteren Realsteuer, der Grundsteuer, vermieden werden soll. Entsprechend erfolgt bei der Ermittlung des Gewerbekapitals, bei der zunächst von dem nach besonderen Vorschriften des Bewertungsgesetzes festgestellten Einheitswert ausgegangen wird, eine Hinzurechnung der Dauerschulden und eine Kürzung um den Einheitswert der Betriebsgrundstücke.
Durch Anwendungen von Steuermeßzahlen von 5 Prozent auf den Gewerbeertrag und 2 pro Tausend auf das Gewerbekapital wird ein einheitlicher Steuermeßbetrag gebildet, der Grundlage für die Berechnung der Gewerbesteuer aufgrund

eines von der steuerberechtigten Gemeinde festgesetzten Hebesatzes ist. In der Bundesrepublik Deutschland bewegen sich die Hebesätze zwischen 200 Prozent und 600 Prozent, so daß sich eine unterschiedliche Belastung allein mit Gewerbeertragsteuer zwischen 10 Prozent und 30 Prozent ergibt. Vorauszahlungen und Abschlußzahlungen sind wie bei der Einkommensteuer und der Körperschaftsteuer zu entrichten, die Vorauszahlungen jedoch zu anderen Terminen.

Umsatzsteuer (Mehrwertsteuer)
Die Umsatzsteuer soll den Endverbraucher treffen. Sie belastet das Unternehmen im Prinzip nicht, da sie zusätzlich zum Wert der unternehmerischen Leistung dem Abnehmer in Rechnung gestellt wird. Der Steuersatz beträgt regelmäßig 14 Prozent und für bestimmte Waren, insbesondere Lebensmittel, und bestimmte Leistungen ausnahmsweise 7 Prozent.
Den in Rechnung gestellten Steuerbetrag muß der Unternehmer an das Finanzamt abführen. Für die ihm von anderen Unternehmern in Rechnung gestellte Umsatzsteuer hat er dagegen einen Erstattungsanspruch aus sogenannter Vorsteuer. Tatsächlich hat er also nur den Saldo aus in Rechnung gestellter Umsatzsteuer und abzugsfähiger Vorsteuer zu zahlen.
Führt der Unternehmer steuerfreie Umsätze aus, zum Beispiel durch Vermietung von Wohnraum, so darf er die für diese Umsätze anfallenden Vorsteuern nicht abziehen. Sie stellen für ihn Kosten dar.
Die Umsatzsteuer ist aufgrund einer Voranmeldung monatlich zu entrichten, und zwar jeweils zum 10. des Folgemonats. Aufgrund einer Abschlagzahlung läßt sich eine Fristverlängerung für die Abgabe der Voranmeldung um einen Monat erreichen. Nach Ablauf des Kalenderjahres ist eine Jahreserklärung abzugeben.

8.8. Ermittlung der Besteuerungsgrundlagen

Wie sich aus dem vorangehenden Abschnitt ergibt, kommt es für die Besteuerung im wesentlichen auf die Ermittlung des Gewinns, die Feststellung von Zurechnungs- und Kürzungsbeträgen bei der Gewerbesteuer sowie auf die Ermittlung des steuerpflichtigen Umsatzes und der Vorsteuerbeträge an. Diese Daten können alle dem Rechnungswesen entnommen werden, weshalb den Aufzeichnungspflichten auch eine so große steuerliche Bedeutung zukommt.

Der nach handelsrechtlichen Grundsätzen aufgestellte Jahresabschluß ist weitgehend auch der Besteuerung zugrundezulegen. Das Einkommensteuergesetz ordnet die Maßgeblichkeit der Handelsbilanz für die Steuerbilanz an. Umgekehrt wird die Ausübung steuerlicher Wahlrechte bei der Gewinnermittlung nur zugelassen, wenn sie auch in der Handelsbilanz in Anspruch genommen werden. Man spricht in diesem Falle von der umgekehrten Maßgeblichkeit der Steuerbilanz für die Handelsbilanz.

Allerdings kennt das Einkommensteuerrecht auch eigene Vorschriften zur Bilanzierung und Bewertung von Wirtschaftsgütern. Ziel dieser Vorschriften ist es, eine Untergrenze zu ziehen, um den Steueranspruch des Staates nicht dadurch zu vereiteln, daß zu geringe Gewinne ausgewiesen werden. In der Regel werden die steuerlichen Vorschriften bereits bei der Aufstellung der Handelsbilanz beachtet, so daß in der Mehrzahl aller Fälle eine Einheitsbilanz für handelsrechtliche und steuerliche Zwecke erstellt wird. In den Fällen, in denen eine Übereinstimmung nicht besteht, ist ergänzend zum handelsrechtlichen Jahresabschluß für steuerliche Zwecke eine Nebenrechnung zu führen.

Die Daten, die für gewerbesteuerliche Hinzurechnungen und Kürzungen sowie für die Umsatzsteuer benötigt werden, können leicht aus der Buchführung entnommen werden. Für die Hinzurechnung der Zinsen kommt es beispielsweise darauf an, sie nach Zinsen für kurz- und langfristige Schulden zu trennen und für die Umsatzsteuer die Umsätze, Skonti, Rabattgewährungen usw. nach Steuersätzen getrennt zu buchen und auch bei der Vorsteuer Konten für voll abzugsfähige und nichtabzugsfähige oder aufzuteilende Vorsteuern einzurichten.

8.9. Steuerwirkungen und Steuervermeidung

Die Zahlung von Steuern bedeutet stets eine Einbuße an Liquidität; sie bedeutet darüber hinaus im Fall der Gewerbesteuer Aufwand bei der Gewinnermittlung und im Falle der Einkommensteuer eine Minderung des verfügbaren Einkommens.

Jeder Steuerpflichtige wird daher versuchen, die ihn treffende Steuerbelastung ganz oder teilweise zu vermeiden. Dieses Anliegen ist legitim. Durch Rechtsprechung ist anerkannt, daß der Steuerpflichtige seine Verhältnisse so einrichten darf, daß er möglichst wenig Steuern zu zahlen hat. Die Steuervermeidung hat jedoch dort ihre Grenze, wo sie zur Steuerumgehung wird, das heißt wenn ein Mißbrauch von Gestaltungsmöglichkeiten des Rechts vorliegt. In diesen Fällen entsteht der Steueranspruch so, wie er bei einer den wirtschaftlichen Vorgängen angemessenen Gestaltung entstehen würde.

Die Gestaltungsmöglichkeiten zum Zwecke der Steuervermeidung sind vielfältig. Allerdings haben diese verschiedenen Gestaltungen auch unterschiedliche Rechtsfolgen, so daß die Steuerersparnis bei allen Entscheidungen immer nur ein Aspekt sein kann und die wirtschaftlichen und rechtlichen Gesichtspunkte, vor allem aber auch persönliche und familiäre Gesichtspunkte, nicht vernachlässigt werden dürfen.

Beispiele für die Steuervermeidung sind die Standortwahl bei unterschiedlich hohen Gewerbesteuerbelastungen, die Wahl der Rechtsform für das Unternehmen, die Entscheidung darüber, in welcher Weise die Mitarbeit von Ehegatten und Kindern rechtlich zu gestalten ist, entweder unentgeltlich

aufgrund der familiären Beziehungen, aufgrund eines Gesellschaftsverhältnisses oder entgeltlich aufgrund eines Anstellungsverhältnisses.
Hinzuweisen ist aber vor allem auch auf die Gefahr, daß zusätzliche Steuerbelastungen allein durch unklare Rechtsgestaltungen und unzureichende Nachweise eintreten können. Das gilt vor allem in den Bereichen, in denen Betriebsausgaben die private Lebensführung berühren, und im Umsatzsteuerrecht bei mangelhafter Beleggestaltung, die einen Vorsteuerabzug ausschließt (mangelhafte Anschrift, mangelnder Ausweis des Vorsteuerbetrages oder fehlende Angaben zum Prozentsatz der Umsatzsteuer bei Beträgen unter 200,– DM).

8.10. Rechtsschutz in Steuersachen

Die Besteuerung bedeutet einen ganz erheblichen Eingriff in die persönliche Sphäre des Steuerpflichtigen. Selbstverständlich hat der Staat Anspruch auf das, was ihm zusteht, aber nicht auf mehr. Der Steuerpflichtige muß sich also wehren können, wenn von ihm mehr verlangt wird, als nach seiner Auffassung rechtens ist.
Gegen Steuerbescheide stehen dem Steuerpflichtigen nacheinander außergerichtliche und gerichtliche Rechtsbehelfe zu. Fühlt er sich durch die Entscheidung des Finanzamtes beschwert, kann er innerhalb eines Monats nach Zustellung des Bescheides Einspruch einlegen. Zweckmäßigerweise ist der Einspruch zu begründen. Aber auch ohne Begründung hat das Finanzamt den Steuerfall in vollem Umfang neu zu prüfen. Lehnt das Finanzamt die Änderung des Bescheides ab, muß es eine Einspruchsentscheidung erlassen, gegen die der Steuerpflichtige wiederum innerhalb eines Monats Klage beim Finanzgericht erheben kann. Gegen die Entscheidung des Finanzgerichts ist die Revision zum Bundesfinanzhof gegeben, wenn sie vom Finanzgericht wegen der Bedeutung der Sache zugelassen wird.

Der Einspruch gegen den Steuerbescheid befreit den Steuerpflichtigen nicht von der Zahlungsverpflichtung. Der Zahlungspflichtige kann aber zusätzlich die Aussetzung der Vollziehung des Bescheides beantragen. Das Finanzamt hat dann zu prüfen, ob ernsthafte Zweifel an der Rechtmäßigkeit des angefochtenen Verwaltungsaktes bestehen und bejahenden Falles die Aussetzung zu gewähren. Hat im Endeffekt der Einspruch keinen Erfolg und muß nach Aussetzung der Vollziehung eine Zahlung entsprechend dem ursprünglichen Bescheid geleistet werden, so ist der ausgesetzte Betrag bis zum Zeitpunkt der Zahlung zu verzinsen.

ZEHN x 10

9. Rechnungswesen – Instrument der Unternehmensführung

von Jürgen Wuthe

9.1. Die Bedeutung des Rechnungswesens im Betrieb

Das betriebliche Rechnungswesen wurde lange Zeit als ein notwendiges Übel angesehen. Es gab Betriebe, die die Ansicht vertraten, innerbetriebliches Rechnungswesen sei unproduktiv und verursache lediglich Kosten.
Heute ist der Bedeutungswandel, den das Rechnungswesen genommen hat, unbestritten.
Welche Bedeutung dem Rechnungswesen tatsächlich zukommt, verdeutlichen die nachstehend aufgeführten Fakten:

- Die Betriebe befinden sich in einer verschärften Wettbewerbssituation. Diese resultiert nicht zuletzt aus dem immer stärker werdenden Kostendruck im In- und Ausland.
- Mit zunehmender Arbeitsteilung und wachsender Unternehmensgröße nimmt die Überschaubarkeit über den gesamten betrieblichen Ablauf ab. Ein effektives Informationsnetz ist unbedingte Voraussetzung für ein gut funktionierendes Unternehmen.
- Betriebliche Entscheidungen sind stets risikobehaftet und bedürfen einer fundierten Datenbasis.
- Die sich aus der Rechtssprechung ableitenden Anforderungen sind im Verlauf der letzten Jahre ständig angestiegen.

Vor diesem Hintergrund hat das Rechnungswesen wichtige **Aufgaben** zu erfüllen.

Erstens:

Aufstellung der Bilanz und Ermittlung der Gewinn- und Verlustrechnung

Zweitens:

Korrekte Aufzeichnung der Daten mit dem Ziel einer zuverlässigen Auskunft über die Ertragslage des Unternehmens

Drittens:

Informations- und Entscheidungsinstrument im Betrieb

9.2. Die Begriffe Kosten und Leistung

Um die in den folgenden Ausführungen verwendeten Begriffe eindeutig zuzuordnen, geben wir Ihnen an dieser Stelle die entsprechenden Arbeitsdefinitionen (vgl. Abbildung 9.1):
Kosten sind in Geld veranschlagte Sachgüter, Arbeitsleistungen, Dienstleistungen und öffentliche Abgaben, soweit sie zur betrieblichen Leistungserstellung dienen. Kurz gesagt: Diejenigen Mengen und Werte an Gütern und Dienstleistungen, die für die Herstellung von betrieblichen Leistungen verbraucht werden, sind als Kosten zu bezeichnen.
Leistungen sind diejenigen Mengen und Werte, die durch den Betrieb erstellt werden.

9.3. Die Aufgaben der Kosten- und Leistungsrechnung

Die Kosten- und Leistungsrechnung umfaßt folgende Aufgabengebiete:

- Ihre Aufgabe ist es, zunächst die Kosten und Leistungen mengenmäßig richtig zu erfassen.

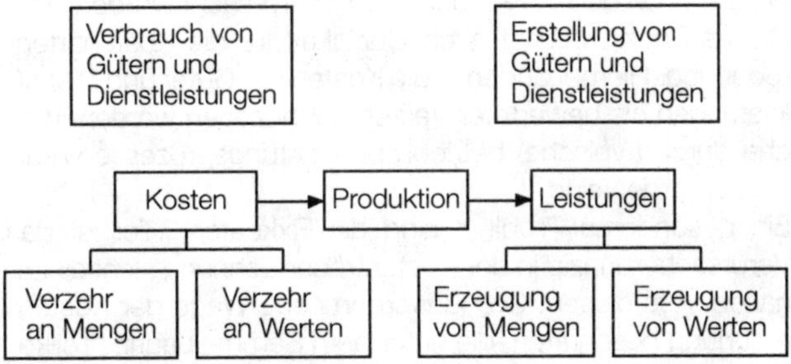

Abbildung 9.1
Kosten und Leistung

- Im weiteren sind die Kosten und Leistungen richtig zu bewerten und korrekt zu verrechnen.
- In der Kosten- und Leistungsrechnung sind die Daten zum Zweck ihrer Auswertung, Analyse, Kontrolle und Prognose aufzubereiten.

9.4. Die Grundprinzipien der Kosten- und Leistungsrechnung

Im Verlaufe der betriebswirtschaftlichen Theorie und Praxis haben sich bestimmte Grundprinzipien herausgebildet, nach denen die Kosten innerhalb der Kostenarten-, Kostenträger- und Kostenstellenrechnung in den Betrieben verrechnet werden.
Es sind dies
- das Prinzip der Kostenverursachung,
- das Prinzip der Kostentragfähigkeit und
- das Prinzip der Durchschnittsbildung.

a) Prinzip der Kostenverursachung
Dieses Prinzip – auch Kausalitätsprinzip genannt – ist die wichtigste Regel, nach der Kosten zu verrechnen sind. Kosten dürfen nur den Kostenstellen und -trägern zugerechnet werden, von denen sie auch kausal verursacht worden sind. Dieses Prinzip besitzt auch Gültigkeit für die Kostenartenrechnung. Hierbei dürfen in die Kosten nur Güter und Dienstleistungen als bewerteter Verzehr einbezogen werden, welche durch (typische) betriebliche Leistungsprozesse verursacht worden sind.
Ein besonderes Problem sind die Fixkosten. Hier ist das Verursacherprinzip in der Kostenträgerrechnung nicht einzuhalten. Aus diesem Grund werden neue Wege der Kostenrechnung beschritten, die unter dem Sammelbegriff “Teilkostenrechnungen” zusammengefaßt werden.
Sollen dennoch die gesamten Kosten (= Vollkosten), also einschließlich der Fixkosten, auf die betrieblichen Leistungen

kalkuliert werden, dann ist das Verursacherprinzip durch die anderen Verrechnungsgrundsätze zu ersetzen oder zu ergänzen.

b) Prinzip der Kostentragfähigkeit

Nach dem Prinzip der Kostentragfähigkeit – auch Belastbarkeits- oder Deckungsprinzip genannt – werden die nicht verursachungsgemäß zurechenbaren Kosten (also im wesentlichen die Fixkosten) im proportionalen Verhältnis zu den Deckungsbeiträgen der Kostenträger auf die Kostenträger verrechnet. Eine derartige Vorgehensweise ist für Kalkulationen bezüglich dispositiver Zwecke ungeeignet, da nicht mehr die betrieblichen Kombinationsprozesse widergespiegelt werden. Die Kostentragfähigkeit hängt dabei nämlich von dem am Markt erzielten Preis ab. Das Prinzip der Kostentragfähigkeit bedeutet, daß die fixen Kosten im proportionalen Verhältnis zu den Absatzpreisen aufgeteilt werden.

Beispiel:

Ausgangswerte

- Ein Betrieb erzeugt drei Produkte, die am Markt folgende Preise erzielen:

Produkt A	20,– DM
Produkt B	30,– DM
Produkt C	50,– DM

- Die fixen Kosten betragen insgesamt 10 000,– DM.

Berechnung

- Bestimmung des Verhältnisses zwischen den Marktpreisen der drei Produkte.
  Es beträgt 2 : 3 : 5.
- Proportionale Aufteilung der Fixkosten auf die drei Produktgruppen nach dem errechneten Verhältnis. Danach tragen an Fixkosten

Produktgruppe A	2 000,– DM
Produktgruppe B	3 000,– DM
Produktgruppe C	5 000,– DM.

Erläuterung
Die Fixkosten werden hier nicht als das Ergebnis betrieblicher Leistungsprozesse widergespiegelt, sondern in Abhängigkeit von den Marktpreisen errechnet. Sie sind deshalb in dieser Aufteilung nicht als Grundlage für innerbetriebliche Entscheidungsprozesse verwendbar.

c) Prinzip der Durchschnittsbildung
Dieses Prinzip ist anwendbar, wenn Fixkosten oder auch andere Gemeinkosten zu verrechnen sind. Ist eine Zurechnung der Kosten (auf die Kostenträger) nach dem Verursacherprinzip nicht möglich, dann werden die entstandenen Kosten mittels Durchschnittbildung auf die erstellten Leistungen verteilt. Es wird nicht die Frage danach gestellt, welche Kosten durch welche Leistungen verursacht worden sind, sondern danach, welche Kosten im Durchschnitt auf welche Leistungen entfallen.

9.5. Die Einzel-, Gemein- und Sonderkosten

Einzel-, Gemein- und Sonderkosten sind wichtige Größen im Rechnungswesen der Betriebe. Sie werden entweder direkt oder indirekt den Produkten bzw. betrieblichen Leistungen zugeordnet.

a) Einzelkosten
Einzelkosten sind Kosten, die pro Kostenträger (Erzeugnis oder Auftrag) wert- bzw. mengenmäßig ermittelt werden können. Sie sind damit direkt zurechenbar und werden deshalb auch als direkte Kosten bezeichnet. Es wird unterschieden in Fertigungslöhne und Fertigungsmaterialien.

b) Gemeinkosten
Gemeinkosten können oder werden den Produkten nicht direkt zugeordnet. In der Regel sind sie dadurch gekennzeichnet, daß sie für alle Leistungen des Betriebes gemein-

sam anfallen und den betrieblichen Abteilungen (Kostenstellen) zugeordnet werden.
Auf die Kostenträger werden sie über prozentuale Zuschlagssätze verrechnet.
Zu den Gemeinkosten zählen beispielsweise Aufwendungen für die Heizung, die Reinigung, die Versicherungen und Abschreibungen.

c) Sonderkosten
Sonderkosten sind betriebliche Aufwendungen, die im Zusammenhang mit einzelnen Aufträgen anfallen und den Leistungen direkt zugeordnet werden. Es wird zwischen Sonderkosten der Fertigung und des Vertriebs unterschieden. Sonderkosten der Fertigung sind u. a. Kosten für besondere Konstruktionen, besondere Lizenzgebühren und Kosten für Modelle. Zu den Sonderkosten des Vertriebs zählen zum Beispiel Sonderverpackungen.

9.6. Die kalkulatorischen Kosten

Nach den Richtlinien der Kostenrechnung werden bilanzmäßige Abschreibungen, Zinsen für Fremdkapital und Wagnisverluste nicht in ihrer tatsächlichen Höhe als Kosten verrechnet. In der Kosten- und Leistungsrechnung werden erfaßt
- die verbrauchsbedingten Abschreibungen anstelle der bilanzmäßigen Abschreibungen,
- die kalkulatorischen Zinsen anstelle der angefallenen Fremdkapitalzinsen und
- die kalkulierten Wagnisse anstelle der tatsächlich eingetretenen Wagnisse.

Auch der Unternehmerlohn zählt zu den kalkulatorischen Kosten.

9.7. Die Kostenartenrechnung

Die Kostenartenrechnung beantwortet die Frage, welche Kosten sind in einer Abrechnungsperiode entstanden.
Ihre Aufgabe besteht darin, die in einem Zeitraum bei der Leistungserstellung verbrauchten Dienstleistungen und Güter zu erfassen und darzustellen.
Dazu ist es erforderlich, die Kosten der Leistungserstellung von den Aufwendungen und Ausgaben des Betriebes zu trennen. Nicht alle Aufwendungen (Ausgaben) beziehen sich auf den Betriebszweck. Andererseits finden sich auch nicht alle Kosten des Betriebes in den Aufwendungen (Ausgaben) wieder.
Für die Durchführung der Kostenartenrechnung sind wichtige Voraussetzungen zu erfüllen:

- die richtige Verteilung und Periodenzuordnung,
- die richtige Bewertung der verbrauchten Güter und Dienstleistungen.

9.8. Die Kostenstellenrechnung

Kostenstellen sind betriebliche Einheiten, die übersichtlich anzuordnen sind. Sie werden von einem Kostenstellenleiter verantwortlich gelenkt. Kriterien für die Anzahl und die innerbetriebliche Gliederung der Kostenstellen, also letztlich für die Größe einer jeden Kostenstelle sind die Übersichtlichkeit und die Möglichkeit der verantwortungsbewußten Führung durch einen Mitarbeiter. Sachliches Bedürfnis und wirtschaftliche Vertretbarkeit stehen dabei im Vordergrund.
Die **Aufgaben** der Kostenstellenrechnung sind im einzelnen:

- Verteilung der Gemeinkosten auf die Kostenstellen nach dem Verursachungsprinzip.
- Innerbetriebliche Leistungsverrechnung.
  (Der Leistungsaustausch zwischen den einzelnen Kostenstellen wird nach dem Verursachungsprinzip erfaßt.)
- Ermittlung von Kalkulationsgrundsätzen zur Weiterver-

rechnung der Gemeinkosten auf die Kostenträger nach dem Verursachungsprinzip.

Instrument zur Kostenkontrolle der einzelnen Kostenstellen und somit Möglichkeit der Überprüfung auf Wirtschaftlichkeit.

In jedem Betrieb gibt es Stellen, die für den Betrieb wichtige Aufgaben erfüllen. So die Materialstelle, die Fertigungsstelle, die Verwaltungs- und Vertriebsstelle. Sie sind Abteilungen, die den reibungslosen Ablauf des betrieblichen Geschehens garantieren sollen. Sie werden darum als Hauptkostenstellen definiert.

Betriebliche Struktureinheiten, die dagegen Dienstleistungen und Hilfsdienste für die Hauptkostenstellen erbringen, werden als Hilfskostenstellen bezeichnet.

Mit Hilfe der Kostenstellenrechnung werden die Gemeinkosten auf die einzelnen betrieblichen Abteilungen verteilt. Dabei wird entweder nach einem Verteilungsschlüssel (prozentuale Anteile) oder nach der direkten Zuordnung (Beleg) auf die Kostenstellen verrechnet. Danach wird die Summe der Gemeinkosten für die einzelnen Kostenstellen ermittelt.

9.9. Die Kostenrechnung und der Marktpreis

Die Leistung, die ein Unternehmen erbringt, wird vom Käufer vergütet. Der so entstehende betriebliche Ertrag wird als Umsatz bezeichnet. Es ist dies der Bruttoumsatz, von dem die Mehrwertsteuer und die Erlösschmälerungen (Rabatte, Boni, Skonti) abgesetzt werden. Nach Abrechnung dieser Größen erhält man den Nettoumsatz.

Mittels seiner Erlöse muß der Betrieb auf längere Sicht nicht nur die Kosten, sondern auch einen ausreichenden Gewinn erwirtschaften. Um die Gewinnerwirtschaftung steuern zu können, müssen die Kosten einer näheren Betrachtung unterzogen werden. Sie sollten dabei in zwei Gruppen unterteilt werden:

- In die erste Gruppe werden die **Bereitschaftskosten** eingeordnet. Es sind von der Produktion unabhängige Fixkosten. Sie entstehen auch, wenn nicht produziert wird.
- In der zweiten Gruppe werden alle **leistungsabhängigen Kosten** erfaßt. Es sind dies direkte Kosten, die nur bei der Produktion bzw. Leistungserstellung anfallen.

Kalkuliert das Unternehmen für ein Produkt oder eine Leistung einen Preis, dann bilden die leistungsabhängigen Kosten die absolut unterste Grenze für den Marktpreis. Dieser mindestens am Markt zu erzielende Preis würde jedoch nicht die Bereitschaftskosten abdecken und auch keinen Gewinn erlösen. Aus diesem Grund sollte ein Verkauf von Produkten auf diesem Preisniveau nur eine kurzfristige Maßnahme sein.

Der Überschuß aus den Nettoerlösen der Verkäufe, den die Betriebe nach Abzug der direkten Kosten erzielen, soll die Fixkosten abdecken und darüber hinaus einen Gewinn erbringen. Diesen Überschuß bezeichnet man deshalb als **Deckungsbeitrag**.

Der prozentuale Anteil des Deckungsbeitrages am Nettoumsatz zeigt den Satz an, der durchschnittlich pro Auftrag oder Produkt erlöst werden muß, um gewinnbringend zu wirtschaften.

Es gilt der Grundsatz: Solange ein Produkt oder eine Dienstleistung einen Beitrag zur Deckung der fixen Bereitschaftskosten einbringt, ist es wirtschaftlich sinnvoll zu fertigen. Dies bis zu einem Zeitpunkt, wo ein Erzeugnis produziert werden kann, das einen höheren Deckungsbeitrag erzielt.

Tabelle 9.1
Beispiel für die Deckungsbeitragsrechnung

	Produkt A Stück	DM	Produkt B Stück	DM
Menge x Preis	1.000	18,00	1.000	22,00
= Erlöse		18.000,00		22.000,00
leistungsabhängige Kosten				
Material		2.700,00		4.200,00
Lohn		4.100,00		6.100,00
Deckungsbeitrag 1		11.200,00		11.700,00
Deckungsbeitrag pro Stück		11,20		11,70
Produkt A + B		22.900,00		
sonst. variable Kosten		6.100,00		
Deckungsbeitrag 2		16.800,00		
Deckungsbeitrag pro Stück		8.40		
./. Bereitschaftskosten		12.300,00		
= Erfolg		4.500,00		

9.10. Die Preiskalkulation

Bei der Preiskalkulation können zwei verschiedene Ansatzpunkte gewählt werden.

Erstes Verfahren:
Auftragskalkulation

Leistungskosten
\+ Soll-Deckungsbeitrag
= Verkaufspreis

Zweites Verfahren:
Rückrechnung bei vorgegebenem Marktpreis

Marktpreis
./. Leistungskosten
= erreichbarer Deckungsbeitrag

Für jedes Unternehmen ist die Höhe des Deckungsbeitrages außerordentlich wichtig, um die Rangfolge der Produkte für die Fertigung und für das Auftreten auf dem Markt festzulegen. Die Deckungsbeitragsrechnung ist deshalb ein wesentlicher Punkt in der betrieblichen Kostenrechnung. Mit ihr wird der Käufermarkt kalkuliert. Ein Beispiel zur Deckungsbeitragsrechnung nach der Kostenträgerrechnung finden Sie in der Tabelle 9.1.

10. Unternehmen, Unternehmer und Versicherungsschutz

von Alexander Poblotzki

10.1. Wie regele ich meine Krankenversicherung?
10.2. Was sollte ich über eine Altersversorgung wissen?
10.3. Wie kann ich mich gegen Unfälle absichern?
10.4. Welche Betriebspflicht muß ich beachten?
10.5. Wie kann eine Produkthaftung abgesichert werden?
10.6. Was bietet mir eine Rechtsschutzversicherung?
10.7. Welche Versicherungen benötigen meine Mitarbeiter?
10.8. Wie versichere ich die Entgeltzahlungen bei Lohn- und Gehaltsfortzahlung im Krankheitsfall von Mitarbeitern?
10.9. Welche Versicherung kann ich durchführen?
10.10. Woher bekomme ich spezielle Auskunft?

10.1. Wie regele ich meine Krankenversicherung?

Private oder gesetzliche Krankenversicherung – das ist hier die Frage. Folgendes sollten Sie schon vorab wissen! Beides trifft für Sie als Existenzgründer zu.

Lassen Sie sich unbedingt von einem Fachmann beraten. Sowohl die gesetzlichen als auch die privaten Versicherer müssen ihr Handwerk lernen und können die auf Sie zugeschnittene Versicherung genau bestimmen. Sie als Existenzgründer oder späterer Arbeitgeber können die freiwillige Mitgliedschaft in einer der gesetzlichen Krankenversicherungen fortsetzen, wenn Sie vorher als Arbeitnehmer pflichtversichert waren.

Dies empfiehlt sich besonders dann, wenn Sie einen umfangreichen Versicherungsschutz benötigen und Ihre Familie mitversichern. Die Beitragseinstufung in der gesetzlichen Krankenversicherung richtet sich nach Ihren monatlichen Einkünften. Die Pflichtkrankenkassen (Orts-, Betriebs- und Innungskrankenkassen) und auch die Ersatzkassen (Wahlkassen) bieten Existenzgründern besonders günstige Beitragseinstufungen an. Bei einer gesetzlichen Krankenkasse haben Sie den Vorteil, einen umfangreichen Krankenversicherungsschutz zu erhalten, der Ihnen im Krankheitsfalle die nötige Absicherung gibt. Zu den Aufgaben der gesetzlichen Krankenversicherung gehören Maßnahmen zur Früherkennung von Krankheiten, Leistungen zur Rehabilitation, Krankenhilfe, Mutterschaftshilfe und Familienhilfe. Beachten Sie bitte, daß eine Krankengeldzahlung bei Arbeitsunfähigkeit gesondert vereinbart werden muß.

Für Sie besteht bei der gesetzlichen Krankenversicherung oder einer Ersatzkasse keine Krankenversicherungspflicht, wenn Sie als Existenzgründer selbständig tätig sind oder im Rahmen einer GmbH Gesellschaftsanteile über 50 Prozent halten. Wenn Sie vor Beginn Ihrer selbständigen Tätigkeit nicht gesetzlich versichert waren, empfiehlt sich der Kranken-

versicherungsschutz bei einer privaten Krankenversicherung. Da es etliche Anbieter auf diesem Gebiet gibt und die Wahl schwer fällt, sollten Sie mehrere Angebote von privaten Versicherern prüfen. Gerade dann, wenn Sie allein versichert sind, bietet die private Krankenversicherung einen günstigen Krankenversicherungsschutz. Der monatliche Beitrag zur privaten Versicherung wird nach Ihren Wünschen des Krankenversicherungsschutzes sowie dem Versicherungsrisiko berechnet. Durch Eigenleistungen für ärztliche und zahnärztliche Behandlung läßt sich oftmals eine günstige Beitragszahlung ermöglichen. Individuell können Sie die Leistungshöhe, zum Beispiel Krankentagegeld oder Krankenhausaufenthaltsart mit dem jeweiligen Versicherer aushandeln. Private Krankenversicherungen bieten oft eine Beitragsrückerstattung am Ende eines Versicherungs- bzw. Kalenderjahres an. Allerdings nur, wenn keine Leistungen in Anspruch genommen wurden.
Die privaten Krankenversicherungen bieten auch sogenannte Zusatzversicherungen an, bei denen Sie Ihren gesetzlichen Krankenversicherungsanspruch erweitern können. Dies ist dann interessant, wenn Sie als Unternehmer zum Beispiel einen bestimmten Tagegeldbetrag bei Arbeitsunfähigkeit abgesichert haben wollen oder im Krankenhaus eine bessere Pflegeklasse wählen möchten.

10.2. Was sollte ich über eine Altersversorgung wissen?

Auch bei Ihrer Altersversorgung gibt es unterschiedliche Möglichkeiten. Sollten Sie schon längere Zeit zur gesetzlichen Rentenversicherung Beiträge entrichtet haben, so ist es ratsam, auf freiwilliger Basis die Beitragszahlung weiterhin aufrechtzuerhalten. Sie verlieren sonst den Anspruch auf Erwerbs-, Berufsunfähigkeitsrente bzw. auf Altersruhegeld. Da hier individuelle Berechnungen eines Rentenanspruches berücksichtigt werden müssen, sollten Sie den zuständigen

Rentenversicherungsträger befragen. Da Sie als Existenzgründer zu der Berufsgruppe der Selbständigen gehören, besteht eine Rentenversicherungspflicht nicht. Viele selbständig Tätige haben daher den Weg der privaten Lebensversicherung gewählt, um ihre Altersversorgung abzusichern. Hier gibt es die Möglichkeit, bei einem privaten Versicherer eine Kapitalversicherung abzuschließen, die Ihnen eine Versicherungssumme spätestens zum Vertragsablauf sicherstellt. Darüber hinaus hat die Kapitalversicherung den Vorteil, daß, falls Ihnen etwas zustößt, Ihre Angehörigen den Versicherungsbetrag erhalten. Denken Sie bitte daran, daß eine Lebensversicherung als dynamische Versicherung abgeschlossen werden kann. Diese dynamische Lebensversicherung trägt der Tatsache Rechnung, daß das Einkommen und damit auch der Lebensstandard vom Zeitpunkt des Vertragsabschlusses bis zum Ausscheiden aus dem Berufsleben normalerweise kontinuierlich ansteigt. Je nach Vereinbarung erhöht sich durch die Dynamik der Beitrag und die Versicherungssumme jährlich um den bei Antragstellung festgelegten Prozentsatz. Es gibt auch eine dynamische Lebensversicherung, die sich prozentual um den Betrag erhöht, um den die Renten der gesetzlichen Rentenversicherung sich verändern. Die Lebensversicherung der privaten Lebensversicherer kann auch in Form von Rentenversicherung oder Zusatzversicherung zu gesetzlichen Renten abgeschlossen werden.
Für bestimmte Berufsgruppen gibt es sogenannte Versorgungswerke, die ins Leben gerufen wurden, um empfindliche Lücken bei der sozialen Absicherung von Selbständigen und ihren Angehörigen zu schließen. Als Selbsthilfeeinrichtungen von Fachverbänden haben sie die Aufgabe, die sachbezogene und umfassende Beratung durchzuführen. Durch Gruppenversicherung bei diesen Versorgungswerken können günstige Altersversorgungen für Sie und Ihre Angehörigen und Arbeitnehmer abgeschlossen werden. Auch hier tätigen private Versicherungen die Versicherungsabschlüsse.

10.3. Wie kann ich mich gegen Unfälle absichern?

Die gesetzliche Unfallversicherung bietet unter anderem Ihnen und Ihren Arbeitnehmern Versicherungsschutz bei der Ausübung der beruflichen Tätigkeit. Eine Pflichtversicherung besteht hier für bestimmte Gruppen von selbständig Tätigen. Grundsätzlich pflichtversichert sind alle Arbeitnehmer. Zu diesem Zweig der Sozialversicherung zahlt nur der Arbeitgeber die gesetzlich vorgeschriebenen Beiträge. Die Beitragshöhe richtet sich nach dem Grad der Unfallgefahr in dem jeweiligen Unternehmen. Die zuständigen Unfallversicherungsträger sind die Berufsgenossenschaften. Mehrere Berufsgenossenschaften, die für die verschiedensten Wirtschaftsbereiche gegründet wurden, sind für Sie Ansprechpartner für die gesetzlich vorgeschriebene Unfallversicherung.
Die Aufgabe der privaten Unfallversicherung ist es, eine nicht ausreichende Leistung der gesetzlichen Unfallversicherung zu erhöhen. Dies trifft zum Beispiel für Unfälle in privatem Bereich oder bei Ausübung von Freizeitsport zu. Hierbei handelt es sich um eine Summenversicherung, die Hinterbliebenen eine Versicherungssumme zur Verfügung stellt, Rentenzahlungen durchführt oder einen Ausgleich bei Invalidität zahlt.

10.4. Welche Betriebshaftpflicht muß ich beachten?

Eine wichtige Angelegenheit stellt die Betriebshaftpflichtversicherung dar. Eine Vielzahl von möglichen Schadensursachen droht in jedem Betrieb. Haftungsansprüche können gegenüber dem Betriebsinhaber ausgelöst werden. Ein Unternehmer ist auch für solche Schäden haftungspflichtig, die anderen durch seine Beschäftigten zugefügt werden.
Die Betriebshaftpflichtversicherung tritt nur bei grober Fahrlässigkeit ein, nicht jedoch bei absichtlich verursachten Schäden. Jede Betriebshaftpflichtversicherung deckt gleichzeitig

die gesetzliche Haftpflicht für Grundstücke, Gebäude und Räumlichkeiten, die vom Betriebsinhaber genutzt werden, und zwar aus betrieblichen Gründen oder als Wohnung für sich bzw. seine Betriebsangehörigen. Die Versicherungssumme wird berechnet nach der Betriebsgröße und wird infolgedessen für Sie als Existenzgründer leicht erschwinglich sein. Bedenken Sie bitte, daß eine Haftpflicht keine Begrenzung kennt und so durch einen Schaden, der von Ihnen oder einem Betriebsangehörigen verschuldet werden könnte, Ihre Existenz gefährdet wäre.

10.5. Wie kann eine Produkthaftung abgesichert werden?

Wenn Sie in Ihrem künftigen Betrieb Produkte herstellen oder zum Teil anfertigen, haften Sie gegenüber Verbrauchern, die ihre Produkte weiterverwenden. Ihre Haftungspflicht besteht gegenüber Personen- und Sachschäden, soweit Produkte fehlerhaft angefertigt wurden.
Eine Produkthaftpflichtversicherung muß individuell von dem Versicherer für Sie festgelegt werden, da, wie Sie sicherlich selbst erkennen, die Haftung sehr unterschiedlich sein kann.

10.6. Was bietet mir eine Rechtsschutzversicherung?

Sollten Sie nach Ihrer Existenzgründung in eine rechtliche Auseinandersetzung gelangen (zum Beispiel will ein Kunde seine Rechte durchsetzen), wird es für Sie wichtig sein, auch Ihre Rechte durchzusetzen. Auch wäre es wichtig, sich selbst gegen unberechtigte Ansprüche des Unfallgegners, Geschäftspartners oder Kunden zu wehren, um seinen guten Ruf zu verteidigen. Die Rechtsschutzversicherung schützt den Versicherungsnehmer vor den Kosten, die in rechtlichen Auseinandersetzungen und Prozessen entstehen. Die Kosten für den Rechtsanwalt oder den Verteidiger, für den

Anwalt des Gegners oder für das Gericht und für die Zeugen werden unter anderem gedeckt. Eine Rechtsschutzversicherung ist verschieden aufgeteilt, so daß Sie eine Privatrechtsschutz-, Vertragsrechtsschutz- oder Betriebsrechtsschutzversicherung abschließen können. Die gründliche Beratung ist hier notwendig.

10.7. Welche Versicherungen benötigen meine Mitarbeiter?

Sie wollen sicher bald Mitarbeiter in Ihrem Unternehmen beschäftigen. Für diesen Personenkreis besteht Versicherungspflicht zur Kranken-, Renten- und Arbeitslosenversicherung. Zur gesetzlichen Unfallversicherung besteht, wie bereits beschrieben, eine Versicherungspflicht durch den Arbeitgeber. Die gesetzliche Krankenversicherung führt für Ihre Arbeitnehmer eine der Pflichtkrankenkassen (Orts-, Betriebs- oder Innungskassen) oder eine Wahlkrankenkasse (Ersatzkasse) durch. Bei einer Wahlkrankenkasse können Ihre Mitarbeiter einen Antrag auf Mitgliedschaft selbst stellen. Diese Entscheidung bleibt Ihren Mitarbeitern frei. In Dienstleistungs-, Gesundheits- und kaufmännischen Bereichen könnte zum Beispiel die Hamburg-Münchener Ersatzkasse die gute Wahl für Ihre Arbeitnehmer sein. Im Bereich der gewerblichen Berufe bietet zum Beispiel die Schwäbisch Gmünder Ersatzkasse gute Leistungen an. Da die gesetzlichen Krankenkassen im Wettbewerb stehen, können Leistungen, Service und der Beitragssatz unterschiedlich sein, der zur Hälfte auch vom Arbeitgeber gezahlt werden muß, also auch in Ihrem Interesse sollte die Wahl der richtigen Krankenkasse wichtig sein. Bei den Pflichtkrankenkassen entsteht die Mitgliedschaft aufgrund Ihrer Anmeldung. Alle Mitarbeiter, die keine Ersatzkasse für ihre Krankenversicherung wählen, müssen von Ihnen bei der zuständigen Pflichtkrankenkasse angemeldet werden. Hierbei ist aber zu berücksichtigen, daß Mitarbeiter, die während des Beschäftigungsverhältnisses eine andere Kran-

kenkasse wählen, eine Mitgliedsbescheinigung der gewählten Krankenkasse vorzuliegen haben. Daraufhin muß von Ihnen als Arbeitgeber die Ummeldung zur jeweiligen Krankenkasse durchgeführt werden.
Ihre beschäftigten Mitarbeiter müssen zur Renten- und Arbeitslosenversicherung von Ihnen als Arbeitgeber angemeldet werden. Für die Rentenversicherung gilt der Unterschied zwischen Arbeitern und Angestellten, da hier verschiedene Rentenversicherungsträger zuständig sind. Für Beschäftigte in der Seefahrt, in der Landwirtschaft oder im Bergbau gelten Sonderrentenversicherungsträger. Zu dem Zweig der Rentenversicherung besteht grundsätzlich Versicherungspflicht, wobei die Beiträge bis zu einer Höchstgrenze berechnet werden. Zur Arbeitslosenversicherung besteht für alle Arbeitnehmer Beitragspflicht, wobei auch hier eine Beitragsbemessungsgrenze gilt. Die Arbeitslosenversicherung wird bei der **Bundesanstalt für Arbeit** durchgeführt.
Die Beitragszahlung zur Krankenversicherung, Renten- und Arbeitslosenversicherung wird bei der zuständigen Krankenkasse Ihrer Mitarbeiter vorgenommen. Für die Krankenversicherung gilt eine besondere Versicherungspflichtgrenze. Sollten Ihre Mitarbeiter über diesen festgelegten Betrag hinaus Einkommen erzielen, so können auch diese Mitarbeiter die freiwillige Krankenversicherung bei der jeweiligen gesetzlichen Krankenversicherung weiterführen oder eine private Versicherung wählen.
Die Versicherungspflichtgrenze und die Beitragsbemessungsgrenze zur Renten- und Arbeitslosenversicherung setzt der Bundesminister für Arbeit fest. Diese Entgeltgrenzen werden jährlich den durchschnittlichen Einkommen aller Arbeitnehmer angepaßt.

10.8. Wie versichere ich die Entgeltzahlungen bei Lohn- und Gehaltszahlung im Krankheitsfall von Mitarbeitern?

Ein wichtiger Teil einer Pflichtversicherung ist für alle Arbeitgeber bei der jeweiligen Orts-, Betriebs- oder Innungskrankenkasse angesiedelt. Die Versicherung zum Ausgleich der Arbeitgeberaufwendungen. Von Ihnen weitergezahltes Arbeitsentgelt an Mitarbeiter, die arbeitsunfähig sind, Entgeltzahlungen an Arbeitnehmerinnen, denen Mutterschaftsgeld zusteht, wird zu 80 Prozent von der Pflichtkasse erstattet.

Arbeitgeber mit bis zu 20 Arbeitnehmern ausschließlich der Auszubildenden nehmen an diesem Ausgleich für Arbeitgeberaufwendungen teil. Mittel zur Durchführung des Ausgleichs für Arbeitgeberaufwendungen müssen Sie als Arbeitgeber durch eine Umlage entrichten. Die Umlagebeträge setzt die jeweilige Krankenkasse fest.

10.9. Welche Versicherung kann ich durchführen?

Sie als Arbeitgeber sind verpflichtet, Arbeitnehmer, die Sie in Ihrem Betrieb beschäftigen, zur Kranken-, Renten- und Arbeitslosenversicherung anzumelden. Diese Anmeldung ist bei einer der gesetzlichen Krankenkassen durchzuführen (Pflichtkrankenkassen, Ersatzkassen).

Wenn Sie Arbeitnehmer beschäftigen, müssen Sie die gesetzliche Unfallversicherung bei der Berufsgenossenschaft durchführen.

Die Versicherung zum Ausgleich der Arbeitgeberaufwendungen muß, wie bereits geschildert, von Ihnen durchgeführt werden.

Für Sie selbst als Existenzgründer können Sie einen Krankenversicherungsschutz bei einer gesetzlichen oder privaten

Krankenversicherung durchführen. Für Sie besteht eine Altersversorgungsmöglichkeit bei einem gesetzlichen Rentenversicherungsträger oder über eine Form der privaten Lebensversicherung.
Eine Betriebshaftpflichtversicherung ist, wie geschildert, ratsam.
Eine private Unfallversicherung für Sie, eine Produkthaftungsversicherung und eine Rechtsschutzversicherung ist empfehlenswert, kann aber mit Sicherheit auch zu einem späteren Zeitpunkt von Ihnen gewählt werden.

10.10. Woher bekomme ich spezielle Auskunft?

Wie sie selbst erkennen können, sind die Versicherungsarten sehr vielfältig. Überprüfen Sie deshalb anhand der in der Tabelle 10.1 (siehe Seite 217) aufgelisteten Fragen Ihren Wissensstand.
Die Versicherungsprämien und Beiträge werden jeweils nach dem Versicherungsrisiko oder dem Arbeitsentgelt berechnet. Mit Ausnahme der Renten-, Arbeitslosen-, Unfallversicherung und der Ausgleichversicherung der Arbeitgeberaufwendungen können die Tarife oder Beitragssätze der einzelnen Versicherer unterschiedlich sein.
Für die individuellen Versicherungszweige:
- private Krankenversicherung,
- private Altersversorgung,
- private Unfallversicherung,
- Versicherung der Produkthaftung,
- Rechtsschutzversicherung

sollten Sie Angebote verschiedener privater Versicherer einholen. Ein Vergleich lohnt sich hier. Verschiedene Versicherungen haben sich auf Berufszweige spezialisiert. Zum Beispiel bietet die **Inter Versicherung** für Handwerker, Selbständige und Freiberufler einen umfangreichen Service an.

Tabelle 10.1
"Checkliste" für Versicherungen

Bitte beantworten Sie folgende Fragen:

Fragestellungen	ja	nein	unsicher
1. Habe ich ausreichenden Krankenversicherungsschutz?			
2. Bin ich für meine Altersversorgung genügend abgesichert?			
3. Welchen Unfallversicherungsschutz haben ich und meine Mitarbeiter?			
4. Brauche ich eine Absicherung für die Betriebshaftpflicht?			
5. Muß eine Haftung für Produkte abgesichert werden?			
6. Benötige ich eine Rechtsschutzversicherung?			
7. Bin ich über die Sozialversicherung für meine Mitarbeiter genügend informiert?			
8. Habe ich eine Versicherung für Lohn- und Gehaltsfortzahlung?			
9. Ist mir bekannt, welche Versicherungen ich abschließen muß, und welche ich abschließen kann?			
10. Kenne ich alle Informationsstellen über einzelne Versicherungszweige?			

Für die gesetzliche Unfallversicherung ist als kompetenter Partner die für Ihren Berufszweig zuständige Berufsgenossenschaft Ihr Ansprechpartner.
Auskunft und Beratung über die Rentenversicherung geben Ihnen die **Bundesversicherungsanstalt für Angestellte, die Landesversicherungsanstalten, die Seekasse, die Bundesknappschaft und die Landwirtschaftliche Versi-**

cherung. Diese Versicherungsträger haben Auskunfts- und Beratungsstellen. Grundsätzlich können Sie sich mit allen Fragen der Sozialversicherung an die zuständigen Orts-, Betriebs- oder Innungskrankenkassen wenden.

Spezielle Informationen über die Sozialversicherung halten die Arbeiter- und Angestellten-Ersatzkassen für Sie bereit. Hier können Sie sich beispielsweise an die **Schwäbisch-Gmünder Ersatzkasse** als Arbeiter-Ersatzkasse oder an die **Hamburg-Münchener Ersatzkasse** als Angestellten-Ersatzkasse wenden.

Alle genannten Versicherungen, Versicherungsträger und Krankenkassen sind in den größeren Städten der Bundesrepublik mit ihren Geschäftsstellen vertreten. Für den Bereich der Bundesländer der ehemaligen DDR können Sie auf alle Fälle Auskunftsstellen im Westteil Berlins finden.

Schlußwort

“Eigentum verpflichtet” stellt das Grundgesetz der Bundesrepublik Deutschland im Artikel 14, Absatz 2, kurz und treffend fest. Und es führt weiter aus: “Sein Gebrauch soll zugleich dem Wohle der Allgemeinheit dienen.”
Beherzigen Sie diese Worte bitte nicht nur, weil sie im Grundgesetz stehen.
Leben Sie für Ihre Ziele und führen Sie Ihr Unternehmen verantwortungsbewußt. Den Menschen und der Natur zuliebe.

Die Autoren

Anhang

I. Schrittfolge zur Reprivatisierung von DDR-Betrieben von Jürgen Wuthe

Ausgangslage

Mit dem Beschluß des Präsidiums des Ministerrates der DDR vom 9. Februar 1972 und damit im Zusammenhang stehenden Regelungen wurden 9.784 private Betriebe, Betriebe mit staatlicher Beteiligung und Produktionsgenossenschaften des Handwerks, die im industriellen Bereich tätig waren, innerhalb weniger Monate in Volkseigentum überführt. Um die Umwandlung in dieser kurzen Zeit vollständig zu schaffen, wurden von den staatlich und politisch Beauftragten alle Methoden der "Überzeugung" gegenüber den Betroffenen angewandt. Dazu kamen die bereits ein Jahr zuvor in Kraft getretenen Steuerbestimmungen, die bis dahin gewährte Vergünstigungen beseitigten. Der Staat "kaufte" diese Betriebe und zahlte den Inhabern und privaten Gesellschaftern nach Abzug der steuerlichen und finanziellen Auflagen rund 815 Millionen Mark, die auf speziellen Konten der Sparkassen überwiesen wurden. Die bisherigen Besitzer konnten von diesen Sperrkonten pro Jahr nur eine bestimmte Höchstsumme (in der Regel etwa 10 000 Mark) abheben.

Das "Gesetz über die Gründung und Tätigkeit privater Unternehmen und über Unternehmensbeteiligungen" vom 7. März 1990 (GBl. I/1990, Nr. 17, S. 141) ermöglicht nun die Reprivatisierung der 1972 umgewandelten Betriebe. Nach Paragraph 17 dieses Gesetzes konnten

- ehemalige Inhaber,
- ehemalige private Gesellschafter und
- die Erben dieser Personen

beim zuständigen Rat des Bezirkes einen formlosen Antrag

auf Umwandlung stellen (betrifft nicht Betriebe, die bereits vor 1972 enteignet wurden).
Bevor Sie als einstiger Inhaber, Komplementär bzw. als deren Erbe den Besitz übernehmen, sollten Sie sich unter Beachtung der Erfordernisse der ökologisch-sozialen Marktwirtschaft und des "EG-Binnenmarktes 1992" selbst ein Unternehmenskonzept erarbeitet haben. Die entsprechenden Ausführungen finden Sie in den 10 Kapiteln der Ihnen vorliegenden Broschüre.
Dabei sollten Sie die spezifischen Bedingungen beachten, die sich aus dem Standort "DDR" ergeben:

a) Der Standort des Betriebes und die Altlasten
Unternehmenskonzept und Marketingstrategie können durch den Standort des Betriebes und seine Altlasten aus der Umweltverschmutzung, besonders hinsichtlich der zukünftigen Entwicklung des Betriebes, in ihrer Umsetzung beeinträchtigt werden. Die territoriale Lage des zu übernehmenden Betriebes, die energie- und verkehrsmäßige Erschließung, Lärm, Abwasser, Abgase und behördliche Nutzungsbeschränkungen, aber auch die Größe der betrieblichen Nutzfläche und Parkmöglichkeiten fördern oder hemmen die Erweiterung der konzipierten Leistungspalette.
Diese Punkte sind sorgfältig zu analysieren und zu bewerten. Dringend notwendige Sanierungsmaßnahmen sowie Bau- und Umbaumaßnahmen, die nur oberflächlich bewertet werden, können teuer zu stehen kommen.

b) Die Produktionsanalyse
Da in fast allen Betrieben der ehemaligen DDR die Maschinen, Ausrüstungen, Technologien und Verfahren total veraltet und verschlissen sind, besteht die historische Chance darin, zukunftsträchtige Produktionen/Dienstleistungen aufzubauen, anstatt eine zum Zeitpunkt der Produktionsaufnahme moralisch teilweise verschlissene Produktion aus anderen Ländern zu übernehmen.

Da Investitionen sowieso in den zu übernehmenden Betrieben dringend erforderlich sind, sollte man die Möglichkeit nutzen, an dem sich gegenwärtig vollziehenden Prozeß zu intelligenten Produkten und Dienstleistungen teilzunehmen. Voraussetzung ist die Kenntnis der neuesten Produktionstechniken und Arbeitsverfahren, Patente und Lizenzen. Wofür Sie ERP-Kredite erhalten können, entnehmen Sie bitte dem Kapitel Unternehmensfinanzierung, Tabelle 4.1. Beachten Sie bei der Analyse der bestehenden und der zukünftigen Produktion unbedingt den Trend der gesetzlichen Umweltschutzauflagen im Rahmen der sich herausbildenden ökologisch-sozialen Marktwirtschaft. Der Erhalt von Sonder- und Ausnahmegenehmigungen ist oftmals nicht nur teuer, sondern auch zeitaufwendig.

c) Beschaffungsanalyse

Mit dem richtigen Einkauf Ihrer benötigten Rohstoffe und Waren schaffen Sie eine Grundlage für die Möglichkeit der gewinnorientierten Produktion und des Vertriebs. Beachten Sie, daß es keine Bilanzierung mehr gibt, daß Sie sich Ihren Lieferanten und damit Preis, Zahlungsbedingung, Qualität und Liefertermin aussuchen (aushandeln) können. Fordern Sie von verschiedenen Lieferanten Angebote an, fragen Sie nach den gewährten Rabatten und Preis-Mengen-Staffelungen, entscheiden Sie sich erst dann nach gründlicher Abwägung.

Auch bei ERP-Krediten können Sie den Lieferanten frei wählen. Im Zusammenhang mit Investitionen kann die Beschaffung eines ersten Lagers an Material, Ersatzteilen und Waren oder einer ersten Büroausstattung finanziert werden.

Die bisher theoretische “Null-Fehler-Produktion” ist jetzt praktisch erreichbar und führt zu Kosteneinsparungen.

Lagerbestände, Halbfabrikate, Arbeitsabläufe und Qualitätsanforderungen an jedem Arbeitsplatz müssen unter diesem Gesichtspunkt völlig neu erarbeitet werden.

Bedenken Sie: Zur Beschaffung gehört auch die erforderliche Sicherung der Bereitstellung von Strom, Gas und Wasser sowie die umweltverträgliche Beseitigung des Abwassers. Nicht zu vergessen ist auch das Konzept der heutigen und zukünftigen Anforderungen an die Qualifikation und Weiterbildung aller Mitarbeiter des zu übernehmenden Betriebes und die Kenntnis der wesentlichen tarifvertraglichen Bestimmungen.

d) Der Finanzierungsplan

Die Untersuchung der Finanzierungserfordernisse und der Finanzierungskonsequenzen (die finanzielle Absicherung Ihrer Pläne) gehört immer zu Ihren wichtigsten Aufgaben. Im Mittelpunkt steht die Sicherung der Zahlungsfähigkeit - Liquidität - Ihres Betriebes. Als ersten Schritt müssen Sie einen **Gründungskostenplan** erstellen, aus dem der lang- und kurzfristige Finanzbedarf ersichtlich ist.

Zum langfristigen Kapitalbedarf gehören vor allem

- das Sachanlagevermögen (Grundstücke/Gebäude/Produktionsanlagen/Maschinen/Betriebs- und Geschäftseinrichtungen sowie der Fuhrpark)
- das betriebliche Umlaufvermögen (Material, Roh-, Hilfs- und Betriebsstoffe sowie die Erstausstattung der Warenlager)
- der betriebliche Aufwand (Gründungs- und Gerichtskosten für die Eintragung in das Handelsregister).

Zum kurzfristigen Kapitalbedarf gehören die betrieblichen Ausgaben bis zum ersten Geldeingang aus dem Umsatz (mit Ausnahme von Forderungen aus Lieferungen und Leistungen), vor allem Löhne in der Anlaufphase, Miete, Strom, Wasser, Benzin, Steuern, Büro- und Verwaltungskosten, Vertriebs- und Werbekosten, Versicherungen sowie eine kleine finanzielle Reserve für ein halbes Jahr.

Im zweiten Schritt ist zu klären, wie das Vorhaben finanziert werden soll. Die Deckung des langfristigen und kurzfristigen Finanzbedarfs wird dazu in einem **Finanzierungsplan** dargestellt.

Der langfristige Kapitalbedarf wird gedeckt durch

- haftendes Kapital von Teilhabern,
- vorhandene Grundstücke/Gebäude/Maschinen,
- Zuschüsse aus öffentlichen Förderprogrammen (nicht ERP-Mittel),
- Fremdfinanzierung über Kredite von Angehörigen/Freunden/Bekannten oder über Existenzgründungskredite aus staatlichen Förderprogrammen einschließlich ERP-Krediten sowie über Darlehen aus Kreditinstituten.

Im Mittelpunkt der kurzfristigen Kredite stehen die Lieferanten- und Kontokorrentkredite.

Jeder Kredit muß auch gesichert werden, entweder durch eigenes Vermögen oder Vermögen von Angehörigen, Bekannten oder durch Bürgschaften.

Die Besicherung der ERP-Kredite erfolgt ebenfalls durch bankübliche Sicherheiten. Die Bedingungen für die ERP-Kredite entnehmen Sie bitte der Tabelle 4.1.

Im Finanzierungsplan sind auch die Kosten für den Versicherungsschutz gegen persönliche und betriebliche Risiken aufzunehmen. Bitte konsultieren Sie zu den vielfältigen Möglichkeiten die Berater der Versicherungen, die Ihnen auch helfen zu erkennen, welche Versicherungen für Sie und Ihren Betrieb überlebensnotwendig, sinnvoll oder auch überflüssig sind.

Zusammenfassende Schrittfolge zur Reprivatisierung

Soll der zu übernehmende Betrieb im Rahmen der Reprivatisierung in eine Personen- oder Kapitalgesellschaft umgewandelt werden, so ergeben sich für Sie folgende 10 Schritte:

Erster Schritt:

Antrag auf Umwandlung des Betriebes mußte bis zum 17. 9. 1990 erfolgen.

Zweiter Schritt:
Anhörung der Interessenvertretungen der Beschäftigten und des Antragstellers/Unternehmers.
Dritter Schritt:
Aufstellung und Bestätigung der Schlußbilanz des umzuwandelnden Betriebes.
Vierter Schritt:
Feststellung der Werterhöhung oder Wertminderung dieses Betriebes gegenüber der Schlußbilanz von 1972.
Fünfter Schritt:
Gegebenenfalls Klärung des Kaufs des staatlichen Anteils (1972).
Sechster Schritt:
Vereinbarung über die
- zu übernehmenden Fonds,
- zu übernehmenden Forderungen und Verbindlichkeiten,
- Rechtsnachfolge der Vertragsverhältnisse.

Siebenter Schritt:
Gründung der Personen- oder Kapitalgesellschaft.
Achter Schritt:
Umwandlungserklärung durch den volkseigenen Betrieb und den Antragsteller.
Neunter Schritt:
Notarielle Beglaubigung der Umwandlungserklärung.
Zehnter Schritt:
Die Eintragung des umgewandelten Betriebes in das Register des territorial zuständigen Handelsregistergerichtes.

II. Beispiele für die Vertragsgestaltung

Gesellschaftsvertrag

der Firma

Sanitär-Müller GmbH

§ 1 Firma
Die Firma der Gesellschaft lautet Sanitär-Müller GmbH

§ 2 Sitz
Sitz der Gesellschaft ist Berlin.

§ 3 Gegenstand des Unternehmens
Gegenstand des Unternehmens ist die Durchführung von Flaschner- und Installationsarbeiten, die Planung, der Bau und die Reparaturen von Sanitär-, Heizungs-, Lüftungs- und Klimaanlagen jeder Art sowie der Handel mit den dazugehörigen Gegenständen.
Die Gesellschaft ist berechtigt, Geschäfte jeder Art durchzuführen, die dem oben genannten Geschäftszweck unmittelbar oder mittelbar dienen oder diesen ergänzen.
Die Gesellschaft kann sich an anderen Unternehmen jeder Rechtsform beteiligen. Sie kann auch Zweigniederlassungen im In- und Ausland errichten.

§ 4 Stammkapital und Stammeinlagen
Das Stammkapital beträgt 50 000,– DM. Hiervon übernehmen als Stammeinlagen

Herr Max Müller	40 000,– DM
Frau Evelyn Schulz	10 000,– DM

Die Stammeinlagen sind in bar zu leisten. Die Hälfte ist sofort fällig, über die Einforderung des Restes beschließt die Gesellschaftsversammlung. Eine Nachschlußpflicht besteht nicht.

§ 5 Geschäftsführer

Die Gesellschaft hat einen oder mehrere Geschäftsführer. Ist nur ein Geschäftsführer bestellt, so vertritt er die Gesellschaft allein. Sind mehrere Geschäftsführer bestellt, so wird die Gesellschaft durch zwei Geschäftsführer oder durch einen Geschäftsführer in Gemeinschaft mit einem Prokuristen vertreten.

Die Gesellschafterversammlung kann einem oder mehreren Geschäftsführern Alleinvertretungsbefugnis und Befreiung von den Beschränkungen des § 181 BGB erteilen.

Die Geschäftsführer sind an die gesetzlichen Vorschriften, die Beschlüsse der Gesellschafterversammlung und deren sonstige Weisungen sowie an die Bestimmungen eines etwaigen Anstellungsvertrages gebunden.

Herr Max Müller wird zum Geschäftsführer bestellt. Er vertritt die Gesellschaft allein. Herr Müller ist von den Beschränkungen des § 181 BGB befreit.

§ 6 Gesellschafterversammlung

Die Gesellschafterversammlung tritt auf Einberufung durch einen Geschäftsführer oder einen Gesellschafter mindestens einmal jährlich zusammen.

Sie beschließt über die ihr durch Gesetz und Satzung zugewiesenen Aufgaben. Je 1 000,– DM Stammkapital ergeben eine Stimme.

Jeder Gesellschafter kann sich in der Gesellschafterversammlung nur von einem anderen Gesellschafter oder von einem Dritten vertreten lassen, der in solchen Fällen zur Berufsverschwiegenheit verpflichtet ist. Die Vollmacht bedarf der Schriftform.

Für die Einberufung und Durchführung der Gesellschafterversammlung sowie für die Beschlußfassung und Abstimmung gelten im übrigen die gesetzlichen Bestimmungen, insbesondere die §§ 46 ff. GmbH-Gesetz. Die Beschlußfassung kann auch schriftlich, fernschriftlich oder telegraphisch erfolgen, soweit nicht gesetzliche Bestimmungen entgegenstehen. In diesem Fall bedarf es nicht der Abhaltung einer Gesellschafterversammlung, wenn sich sämtliche Gesellschafter in der genannten Form mit dem zu fassenden Beschluß oder mit der genannten Stimmabgabe außerhalb der Gesellschafterversammlung einverstanden erklären.

§ 7 Verfügung über Geschäftsanteile oder Teile von solchen ist nur mit Zustimmung der Gesellschaft aufgrund eines Beschlusses der Gesellschafterversammlung zulässig.
Für die Zusammenlegung von voll einbezahlten Geschäftsanteilen ist ein Beschluß der Gesellschafterversammlung erforderlich.
Im Falle des Ablebens eines Gesellschafters sind seine Erben verpflichtet, sich durch einen Bevollmächtigten vertreten zu lassen.
Solange der Bevollmächtigte nicht bestellt ist, ruht das Stimmrecht der Erben bezüglich des betreffenden Geschäftsanteils.

§ 8 Beginn und Dauer der Gesellschaft
Die Gesellschaft ist auf unbestimmte Dauer geschlossen. Sie beginnt am 1.1.1990, soweit noch nicht eingetragen, als Vorgesellschaft.

§ 9 Beendigung der Gesellschaft
Der Beschluß über die Auflösung der Gesellschaft bedarf der Zustimmung von mindestens 90% der Stimmen des gesamten Stammkapitals.

§ 10 Geschäftsjahr
Das Geschäftsjahr ist das Kalenderjahr.
Das erste Geschäftsjahr endet am 31.12.1990.

§ 11 Jahresabschluß und Gewinnverwendung
Nach Beendigung des Geschäftsjahres ist von der Geschäftsführung die Bilanz nebst Gewinn- und Verlustrechnung der Gesellschaft für das abgelaufene Geschäftsjahr aufzustellen.

Über die Höhe des auszuschüttenden Gewinns und der zu bildenden Rücklagen beschließt jeweils die Gesellschafterversammlung.

§ 12 Vorwegausschüttung

Die Gesellschafter können bereits während des Geschäftsjahres eine Vorausdividende beschließen, wenn sich ein entsprechendes Ergebnis abzeichnet und damit nicht gegen § 30 Abs. 1 GmbHG verstoßen wird. Zu diesem Zweck ist ein Zwischenabschluß auf den Zeitpunkt der Zahlung aufzustellen. Die Vorwegausschüttungen sind mit den sich aufgrund der Jahresbilanz ergebenden Gewinnansprüchen zu verrechnen. Falls der endgültig festgestellte Bilanzgewinn der Gesellschaft für eine zur Ausschüttung gelangte Vorausdividende nicht ausreicht, sind die Gesellschafter insoweit zur Rückzahlung der erhaltenen Beträge verpflichtet.

§ 13 Einziehung von Geschäftsanteilen

Mit Zustimmung des betroffenen Gesellschafters kann die Gesellschaft jederzeit die ganze oder teilweise Einbeziehung von Geschäftsanteilen beschließen. Teile von Geschäftsanteilen müssen durch 100 teilbar sein. Die Einziehung eines Geschäftsanteils kann ohne Zustimmung des betroffenen Gesellschafters beschlossen werden, wenn

a) über sein Vermögen das Konkursverfahren oder ein gerichtliches Vergleichsverfahren eröffnet ist oder
b) die Zwangsvollstreckung in seinen Geschäftsanteil betrieben wird oder
c) er seine Pflichten gegenüber der Gesellschaft in grober Weise verletzt, insbesondere wenn ein dem § 133 HGB entsprechender Tatbestand gegeben ist.

Statt der Einziehung kann die Gesellschafterversammlung beschließen, daß der Anteil von der Gesellschaft - unter Beachtung der §§ 30 bis 33 GmbH-Gesetz - erworben oder auf eine oder mehrere von ihr benannte Personen übertragen wird. Im Falle der Zwangsvollstreckung in einen Geschäftsanteil kann die Einziehung auf den Teil eines Geschäftsanteils

beschränkt werden, dessen nach § 15 zu berechnender Wert zur Befriedigung des Gläubigers ausreicht.
In den Fällen der vorstehenden Absätze 2 und 3 hat der Gesellschafter kein Stimmrecht in der Gesellschafterversammlung.

§ 14 Kündigung der Gesellschaft
Jeder Gesellschafter kann seine Beteiligung mit einer Frist von einem Jahr auf den Schluß eines Geschäftsjahres durch einen eingeschriebenen Brief an die Gesellschaft kündigen.
Der kündigende Gesellschafter ist verpflichtet, seinen Geschäftsanteil - unter Beachtung der §§ 30 – 33 GmbH-Gesetz - auf die Gesellschaft oder einen von ihr benannten Gesellschafter oder auf eine andere von ihr genannte Person, Personengesellschaft oder juristische Person zu übertragen.
Der Geschäftsanteil kann in diesem Falle auch nach Maßgabe des § 13 eingezogen werden.
Ist der Anteil des kündigenden Gesellschafters nicht spätestens mit Ablauf von drei Monaten nach dem Tag, auf den die Kündigung erfolgt ist, von der Gesellschaft oder einem Dritten übernommen oder eingezogen, so tritt die Gesellschaft in Liquidation.

§15 Bewertung von Geschäftsanteilen bei Einziehung und Kündigung
Die Bewertung des Geschäftsanteils in den Fällen der §§ 13 und 14 entspricht, soweit gesetzlich zulässig, dem Nennbetrag des abgetretenen oder eingezogenen Geschäftsanteils zuzüglich des darauf entfallenden Anteils an den offenen Rücklagen einschließlich Gewinnvortrag und abzüglich eines auf den Geschäftsanteil entfallenden Anteils an einem etwaigen Verlust oder Verlustvortrag und abzüglich etwaiger rückständiger Einlagen. Maßgebend für die Berechnung der Entschädigung ist die Bilanz der Gesellschaft für das Ende des letzten der Einziehung oder Abtretung vorangegangenen Geschäftsjahres.

§ 16 Auszahlung des Entgeltes bei der Einziehung und Kündigung
In den Fällen der §§ 13 und 14 ist die Entschädigung vom Tage der Abtretung bzw. der Beschlußfassung über die Einziehung an mit 7 % jährlich zu verzinsen. Die Zinsen sind halbjährlich auf den Schluß eines jeden Kalenderhalbjahres zu entrichten. Die Entschädigung ist in drei gleichen Jahresraten zu bezahlen, soweit das Entgelt nicht nach zwingenden gesetzlichen Bestimmungen sofort zur Zahlung fällig ist. Die erste Rate wird sechs Monate nach der Abtretung bzw. Beschlußfassung über die Einziehung fällig; die folgenden Raten sind jeweils ein Jahr nach Fälligkeit der vorangegangenen Rate zu entrichten.

§ 17 Bekanntmachung
Die Bekanntmachung der Gesellschaft erfolgt im Bundesanzeiger.

§ 18 Teilnichtigkeit
Sollten einzelne Bestimmungen dieses Vertrages nichtig oder unwirksam sein, so wird hierdurch die Gültigkeit des Vertrages im übrigen nicht berührt. Sie sind durch wirksame Bestimmungen zu ersetzen, die zu einem wirtschaftlich möglichst gleichartigen Ergebnis führen.

§ 19 Gerichtsstand
Gerichtsstand für alle sich aus diesem Vertrag ergebenden Streitigkeiten ist Berlin.

§ 20 Schlußbestimmungen
Soweit in diesem Vertrag nichts anderes bestimmt ist, gelten die gesetzlichen Vorschriften.
Die Kosten der Gründung werden von der Gesellschaft getragen.

Geschäftsführer-Dienstvertrag

zwischen

der Firma Sanitär-Müller GmbH
- im folgenden Gesellschaft genannt -

und

Herrn Max Müller, Berlin
- im folgenden Geschäftsführer genannt -

§ 1 Gemäß Beschluß der Gesellschafter der Sanitär-Müller GmbH ist Herr Max Müller zum Geschäftsführer der Gesellschaft bestellt worden. Herr Müller ist zur Geschäftsführung und zur Vertretung der Gesellschaft nach den Bestimmungen des GmbH-Gesetzes und des Gesellschaftsvertrages berechtigt und verpflichtet. Er vertritt die Gesellschaft allein. Es ist von den Beschränkungen des § 181 BGB befreit.

§ 2 Der Geschäftsführer ist verpflichtet, für alle außergewöhnlichen Geschäfte und Geschäfte von größerer Bedeutung sowie alle wichtigen Maßnahmen die Zustimmung aller Gesellschafter einzuholen, insbesondere für:

1. Erwerb, Veräußerung und Belastung von Grundstücken,
2. Aufnahme neuer Geschäftszweige
3. Erwerb anderer Unternehmungen, Übernahme und Veräußerung von Beteiligungen,
4. Erstellung von Neubauten und Umbauten,
5. Einrichtung von Filialen und Verkaufsstellen,
6. Abschluß von Miet- und Pachtverträgen,
7. Bestellung und Abberufung von Prokuristen und Handlungsbevollmächtigten,
8. Eingehung von Wechselverbindlichkeiten,
9. Gehaltsgewährungen, die im Einzelfall über den Betrag von monatlich 2 800,– DM hinausgehen,
10. Gewährung von Umsatzvergütungen oder Gewinnanteilen an Angestellte,

11. Gewährung von Darlehen an Gesellschafter,
12. Abschluß von Verträgen gleich welcher Art mit einer Laufzeit von mehr als fünf Jahren,
13. Abschluß von Geschäften und Vereinbarungen zwischen der Gesellschaft einerseits und dem Geschäftsführer andererseits,
14. Neuanschaffungen über den Betrag von monatlich 6 000,– DM hinaus und Einzelanschaffungen im Werte von mehr als 4 000,– DM,
15. Darlehensaufnahmen und -gewährungen über den Betrag von 20 000,– DM,
16. Bürgschaftsübernahmen, Stellung von Sicherheiten und dergleichen,
17. Vertragsabschlüsse über mehr als 30 000,– DM

§ 3 Der Geschäftsführer erhält für seine Tätigkeit

a) ein festes monatliches Bruttogehalt von 3 000,– DM (in Worten: dreitausend DM), zuzüglich der auch anderen Arbeitnehmern aufgrund von tariflichen oder betrieblichen Vereinbarungen gewährten sozialen Leistungen einschließlich Weihnachtsgeld u. ä.
Das Bruttogehalt soll in angemessenen Zeitabständen der allgemeinen Entwicklung der wirtschaftlichen Gegebenheiten, insbesondere des Geldwertes, angepaßt werden.
Am Ende eines jeden Geschäftsjahres ist die Angemessenheit des Bruttogehaltes zu überprüfen.
b) Eine gewinnabhängige Tantieme in Höhe von 15 % des Jahresgewinns der Gesellschaft. Als Jahresgewinn für die Tantiemenberechnung gilt der nach steuerlichen Vorschriften ermittelte Gewinn vor Abzug der Tantiemen der Geschäftsführer sowie der Körperschafts- und Vermögenssteuer der Gesellschaft.

§ 4 Der Geschäftsführer erhält Ersatz für alle Auslagen, die durch Geschäftsreisen und sonstige Aufwendungen im Interesse der Gesellschaft entstehen. Wird mit Pauschalen abgerechnet, hat der Geschäftsführer Anspruch auf die steuerlich höchstzulässigen Spesensätze.

§ 5 Dem Geschäftsführer steht ein Firmenwagen zur dienstlichen und privaten Nutzung zur Verfügung.

§ 6 Der Geschäftsführer hat Anspruch auf einen bezahlten Jahresurlaub von 5 Wochen.

§ 7 Im Krankheitsfalle wird dem Geschäftsführer das Gehalt zunächst für sechs Monate ungekürzt weiterbezahlt. Bei einer weiteren Verhinderung der Ausübung der Tätigkeit beschließt die Gesellschafterversammlung, ob und in welcher Höhe eine Weiterzahlung erfolgt. Im Falle des Todes des Geschäftsführers steht seinen Erben Gehaltsanspruch für die dem Sterbemonat folgenden vier Monate zu.

§ 8 Jeder Vertragspartner kann den auf unbestimmte Dauer abgeschlossenen Vertrag unter Einhalt einer Frist von sechs Monaten zum Ende des Kalenderjahres kündigen.

§ 9 Wird der Geschäftsführer durch Krankheit oder Unfall um mehr als 50 % arbeitsunfähig und kann daher seine Tätigkeit nicht mehr ausüben, so erhält er eine monatliche, nachträglich zu zahlende Rente in Höhe von 50 % des zuletzt bezogenen festen Monatsgehalt. Dies gilt auch für den Fall, daß der Geschäftsführer nach Vollendung des 65. Lebensjahres seine Tätigkeit niederlegt und sich zur Ruhe setzt.

§ 10 Änderungen und Ergänzungen dieses Vertrages bedürfen der Schriftform. Im übrigen gelten die gesetzlichen Bestimmungen.

§ 11 Gerichtsstand für alle sich aus dem Geschäftsführer-Dienstvertrag ergebenden Streitigkeiten ist Berlin.

Befristeter Arbeitsvertrag

Zwischen der Firma
Sanitär-Müller GmbH
- Arbeitgeber -

und

Herrn Richard Schulz, Berlin
- Arbeitnehmer -

werden hiermit folgende Vereinbarungen getroffen:

§ 1 Tätigkeit
(1) Der Arbeitnehmer wird für die Tätigkeit als Kraftfahrer eingestellt.
(2) Er verpflichtet sich, im Bedarfsfall auf Anweisung der Firma auch eine andere ihm zumutbare Arbeit zu übernehmen. Eine Lohnminderung darf damit jedoch nicht verbunden sein.

§ 2 Beginn und Ende des Arbeitsverhältnisses
(1) Das Arbeitsverhältnis beginnt am 1. 1. 90 und endet mit Ablauf des 31. 12. 90, ohne daß es einer Kündigung bedarf.
(2) Grund der Befristung: zusätzliche Kundenaufträge im laufenden Jahr.

§ 3 Kündigung
(1) Ungeachtet der Befristung kann das Arbeitsverhältnis von beiden Seiten unter Einhaltung einer Frist von zwei Wochen jeweils zum Quartalsende gekündigt werden.
(2) Die Zuverlässigkeit einer fristlosen Kündigung aus wichtigem Grund bleibt unberührt. Für den Fall ihrer Unwirksamkeit gilt eine fristlose Kündigung zugleich als fristgemäße Kündigung zum nächstzulässigen Termin.

§ 3 Probezeit
Die ersten drei Monate gelten als Probezeit, während der

beiderseits mit der kürzesten gesetzlichen bzw. tarifvertraglichen Frist gekündigt werden kann.

§ 4 Probezeit
Die ersten drei Monate gelten als Probezeit, während der beiderseits mit der kürzesten gesetzlichen bzw. tarifvertraglichen Frist gekündigt werden kann.

§ 5 Verlängerung des Arbeitsverhältnisses
Eine Verlängerung des Arbeitsverhältnisses über den im § 2 ,Absatz 1 genannten Zeitpunkt hinaus bedarf zu ihrer Wirksamkeit einer vorausgehenden schriftlichen Vereinbarung.

III. Wichtige Adressen für Existenzgründer

Bundesministerium für Finanzen
Graurheindorfer Str. 108
W-5300 Bonn 1
Tel.: 286 - 1
Fax: 886 645

Bundesministerium für Wirtschaft
Villemombler Str. 76
Postfach 14 02 60
W-5300 Bonn 1
Tel.: 615 - 1
Referat Ost-West Wirtschaftsbeziehungen;
UdSSR, Polen, CSFR:
615-3568
Referat Internationale Wirtschaftsorganisation:
Jugoslawien, Ungarn, Rumänien, Bulgarien:
Tel.: 615 - 3978
Referat Bundesländer der ehemaligen DDR:
Tel.: 615 - 2143

Treuhandstelle für Industrie und Handel (TSI)
Kurfürstendamm 32
W-1000 Berlin 15
Tel.: 883 7890
Telex: 183 804

Wirtschaftsministerien und Wirtschaftsbehörden der einzelnen Bundesländer

Baden-Württemberg
Ministerium für Wirtschaft, Mittelstand und Technologie Baden-Württemberg
Postfach 10 34 51
Theodor-Heuss-Str. 4

W-7000 Stuttgart 10
Tel.: 123-0
Telex: 723 931 wmbws d

Verbindungsbüro für wirtschaftlich-technische Zusammenarbeit
c/o Robotron
Grunaerstr. 2
O-8010 Dresden
Tel.: 4870
Telex: 2538 robkl dd
Leiter: Dr. Walter Rogg

Berlin-West
Der Senator für Wirtschaft und Arbeit
Martin-Luther-Str. 105
W-1000 Berlin 30
Tel.: 26 361
Telex: 183 798 s sen d
Fax: 783-84 55
Referat für Wirtschaftsförderung:
Tel.: 783 - 8369

Berliner Absatz-Organisation GmbH (BAO)
Hardenbergstr. 16-18
W-1000 Berlin 12
Tel.: 3180 - 0
Unternehmensberatung:
Tel.: 3180 - 316
Frau Neise-Mundt Tel.: 3180 - 287 u. 289
Frau Schilf Tel.: 3180-329 Adressenliste von über 130 West-Berliner Handelsfirmen, die sich auf den Handel mit Osteuropa spezialisiert haben, wird auf Anfrage zugeschickt.

Wirtschaftsförderung Berlin GmbH
Budapester Straße 1
W-1000 Berlin 30
Tel.: 26 361

Hamburg
Behörde für Wirtschaft, Verkehr und Landwirtschaft der Freien und Hansestadt Hamburg
Alter Steinweg 4
W-2000 Hamburg 11
Tel.: 35 04-0
Herr Holstein (Schwerpunkt Dresden, Elbeverlauf, Mecklenburg):
Tel.: 248 25-3293

Hessische Landesentwicklungs-
und Treuhandgesellschaft mbH
Motzstr. 4
W-3500 Kassel
Tel.: 1037 41
Fax: 78 02 23
Vermittelt Unternehmenskooperationen zwischen hessischen und thüringischen Partnern

Niedersachsen
Kontaktbüro Hannover
Grassistr. 10-12
O-7010 Leipzig
Tel.: 71 700
Das Land Niedersachsen unterhält dieses Büro zusammen mit dem "Initiativkreis Ruhrgebiet". Das Leipziger Gegenstück dazu ist das:
Büro Leipzig in Hannover
Trammplatz 2
W-3000 Hannover 1
Tel.: 168 32 49

Schleswig-Holstein
Minister für Wirtschaft, Technik und Verkehr des Landes Schleswig-Holstein
Düsternbrooker Weg 94
W-2300 Kiel 1

Tel.: 596-3800
Fax: 569-3825
Kontakt: Herr Dr. Mumm, Tel.: 596-3880

Kooperationsbüro Schleswig-Holstein/Schwerin
Karl-Marx-Str. 20
O-2758 Schwerin
Tel.: 78735 Herr Görner (Leiter)
Tel.: 78705 Herr Potschantek
Telex: 32 216

Kooperationsbüro Schleswig-Holstein/Mecklenburg
Postfach 45 04
W-2300 Kiel 1
Tel.: 5901 43
Telex: 292 629
Fax: 5901 56
Leitung: Herr Bernhardt, Herr Dr. Heinsius

Bezirksämter in Berlin-West:

Bezirksamt Charlottenburg von Berlin - Abt. Wirtschaft -
Heerstr. 12-14
W-1000 Berlin 19
Tel.: 3005-298
Kontakt: Frau Fritzsche
Schwerpunkt: Köpenick, Lichtenberg und Potsdam

Bezirksamt Kreuzberg
- Wirtschaftsamt -
Yorkstr. 4
W-1000 Berlin 61
Tel.: 25 88-1
Kontakt: Herr Agte/Herr Hermann
Tel.: 25 883272 und 3294
Schwerpunkt: Prenzlauer Berg

Bezirksamt Neukölln
– Wirtschaftsamt –
Lahnstr. 78
W-1000 Berlin 44
Tel.: 6809 - 22 90
Schwerpunkt: Treptow

Bezirksamt Reinickendorf
– Planungsbeauftragter –
Eichborndamm 215-239
W-1000 Berlin 26
Tel.: 41 92 - 1
Kontakt: Herr Hamsch
Tel.: 41 92 - 21 80
Schwerpunkt: Hohenschönhausen/Pankow

Bezirksamt Schöneberg
– Wirtschaftsamt –
Fritz-Elsass-Str. 9-10
W-1000 Berlin 61
Tel.: 78 3-1
Kontakt: Herr Nippert
Tel.: 78 3-22 90
Schwerpunkt: Weißensee

Bezirksamt Spandau
– Wirtschaftsamt –
Kirchgasse 3
W-1000 Berlin 20
Tel.: 33 03-1
Kontakt: Herr Hering
Tel.: 3303-3390
Schwerpunkt: Kreis Nauen

Bezirksamt Steglitz
– Abt. Wirtschaft –
Schloßstr. 80
W-1000 Berlin 41

Tel.: 7904-1
Kontakt: Herr Dr. Bensel, Tel.: 7904-3801
Schwerpunkt: Marzahn

Bezirksamt Tempelhof
– Abt. Wirtschaft –
Mariendorfer Damm 1
W-1000 Berlin 42
Tel.: 7022-1
Kontakt: Herr Licht
Schwerpunkt: Lichtenberg

Bezirksamt Tiergarten
– Abt. Wirtschaft –
Turmstr. 72
W-1000 Berlin 21
Tel.: 39 05-2796
Kontakt: Frau Gutschmidt u. Herr Burchert
Schwerpunkt: Hellersdorf

Bezirksamt Wedding
– Wirtschaftsamt –
Müllerstr. 146
W-1000 Berlin 65
Tel.: 457-3844
Kontakt: Herr Tietz und Herr Hohn
Schwerpunkt: Berlin-Mitte

Bezirksamt Wilmersdorf
Büro des Bezirksbürgermeisters
Fehrbelliner Platz 4
W-1000 Berlin 31
Tel.: 8689-7320
Kontakt: Herr Metzger
Tel.: 86 89 - 358
Schwerpunkt: Friedrichshain

Bezirksamt Zehlendorf
– Abt. Wirtschaft –
Kirchstr. 1
W-1000 Berlin 37
Tel.: 807-22 72
Schwerpunkt: Königs Wusterhausen, Potsdam

Organisationen

Arbeitsgemeinschaft Deutscher Technologie- und Gründerzentren
(ADT), Berlin
Tel.: 4694-157

Arbeitsgemeinschaft Handel mit den Bundesländern der ehemaligen DDR
Hardenbergstr. 16-18
W-1000 Berlin 12
Tel.: 3180-329/30
Telex: 183 683 ihkab d
Fax: 3180 - 278
Hilft u. a. gezielt bei Kontaktanbahnung

Computergestützte Kooperationsbörse der IHK West-Berlin
Berliner Absatz Organisation (BAO)
Beraterteam
Hardenbergstr. 16-18
1000 Berlin 12
Tel.: 3180-421/-2
Fax: 318 0278

Interessenverband Handel mit Unternehmen in den Bundesländern in der ehemaligen DDR
H. Lehmann
Faulbrunnenweg 108
W-6093 Flörsheim 4
Tel.: 30 806, 33 972

Zusammenschluß von über 50 hessischen Unternehmen.
Ansprechpartner in den Bundesländern der ehemaligen DDR:
R. Klepzig
Hauptstr. 48-50
O-7026 Leipzig

Mittelstands-Beratungs-Verein
Leipnizstraße 56
W-1000 Berlin 12
Tel.: 883 17 57

Mittelstands-Büro der Mittelstandsvereinigung der CDU/CSU
Hardenbergstr. 20
W-1000 Berlin 12
Tel.: 312 20 76/-8

RKW-Rationalisierungs-Kuratorium der Deutschen Wirtschaft
Düsseldorfer Str. 40
W-6236 Eschborn
Tel.: 495 - 335/336
Telex: 418 362 rkw d
Pilotberatungen und allgemeine Beratung auf dem Gebiet der Rationalisierung, insbesondere auch in der Verbesserung der Absatzorganisation im Exportgeschäft für Unternehmen der ehemaligen DDR.

Tregab Treuhand und Beratung AG München
Tel.: 926 9640
Niederlassung auf ehemaligem DDR-Gebiet:
Internationales Handelszentrum (IHZ)
Friedrichstr.
Postfach 95
O-1036 Berlin
Tel.: 208 2672

Verbände

Arbeitsgemeinschaft Selbständiger Unternehmer e. V. (ASU)
Mainzer Str. 238
Postfach 20 07 84
W-5300 Bonn 2
Tel.: 34 30 44/-8
Telex: 885 498
Fax: 34 70 36
Kontakt: Frau Vogt
Bietet Selbständigen Beratung, Praktika und Weiterbildung an.

Bundesverband der Deutschen Volksbanken
und Raiffeisenbanken (BVR)
Heussallee 5
W-5300 Bonn
Tel.: 5090
Fax: 509 - 201

Bundesverband des Deutschen Exporthandels e. V.
Gotenstr. 21
W-2000 Hamburg 1
Tel.: 23 60 24/-5
Telex: 2 162 388

Bundesverband des Deutschen Groß-
und Außenhandels e. V. (BGA)
Kaiser-Friedrich-Str. 13
Postfach 13 49
W-5300 Bonn 1
Tel.: 260 04-34

Bundesverband mittelständische Wirtschaft (BVMW)
Adenaueralle 13 b-c
W-5300 Bonn 1
Tel.: 21 8338/-9
Fax: 22 16 91

Praxisbezogene Beratung und Information, Erfahrungsaustausch, Geschäftskontakte, Kooperationen, Interessenvertretung der mittelständischen Wirtschaft.

Bundesverband der Selbständigen e. V. -
Deutscher Gewerbeverband
– Bundesgeschäftsstelle –
Coburger Str. 1a
W-5300 Bonn 1
Tel.: 23 20 26/-8
Telex: 8 869 466 bds d
Fax: 23 20 29

Bundesverband Junger Unternehmer (BJU)
Mainzer Str. 238
Tel.: 34 30 44
Telex: 885 498
Fax: 34 70 36
Kontakt: Herr Dr. Schwarting

Deutscher Hotel- und Gaststättenverband e. V. (DEHOGA)
Kronprinzenstr. 46
W-5300 Bonn 2
Tel.: 82 00 80

Deutscher Reisebüro-Verband e. V. (DRV) - Bundesverband deutscher Reisebüros und Reiseveranstalter
Mannheimer Str. 15
W-6000 Frankfurt a. M. 1
Tel.: 27 39 07-0
Fax: 23 66 47
Telex: 41 14 13

Hauptgemeinschaft des Deutschen Einzelhandels e. V. (HDE)
Sachsenring 89, Handelshaus
W-5000 Köln 1
Tel.: 33 980
Telex: 8 881 443 hdlh d

Fax: 339 8119
Unterhält eine “Leitstelle für die Gewerbeförderungsmittel des Bundes im Einzelhandel”

Verband mittelständischer Unternehmer
und freier Berufe e. V.
W-7125 Kirchheim/Neckar
Laiernstr. 2
Tel.: 925 74

Verband Deutscher Maschinen- und Anlagenbau e. V. (VDMA)
Lyoner Str. 18
Postfach 71 08 64
W-6000 Frankfurt a. M. 1
Tel.: 660 30
Telex: 411 321 vdma d
Fax:660 3511

Kontaktbüro des VDMA in Jena: Multiconsult GmbH
Herr Klaus Kerner
Wildstr. 11
O-6900 Jena
Tel.: 25 408

Wirtschaftsjunioren Deutschland (WJD)
Bundesgeschäftsstelle
Adenauerallee 148
Postfach 1446
W-5300 Bonn 1
Tel.: 10 45 14
Telex: 886 805 diht d

Zentralausschuß der Deutschen Landwirtschaft
Godesberger Allee 142-148
W-5300 Bonn 2
Tel.: 819 80
Telex: 885 586
Fax: 81 98 - 231

Zentralverband des Deutschen Handwerks (ZDH)
Johanniterstr. 1
W-5300 Bonn 1
Tel.: 545 -0
Kontakt: Frau Dr. Klinge
Tel.: 545 - 287

Handwerkskammern

Deutscher Handwerkskammertag
Johanniterstr. 1
W-5300 Bonn 1
Tel.: 545 - 1
Telex: 886 338

Baden-Württemberg
Handwerkskammer Stuttgart
Heilbronner Str. 43
W-7000 Stuttgart 1
Tel.: 0711/25 94-1
Kontakt: Herr Kistenfeger
Tel.: 25 94-253
Schwerpunkt: Stadtkreis Dresden und Landkreis Meissen

Bayern
Bayerischer Handwerkstag
Max-Joseph-Str. 4
W-8000 München 2
Tel.: 55 75 01

Berlin-West
Handwerkskammer Berlin (West)
Blücherstr. 68
W-1000 Berlin 61
Tel.: 259 0301
Kontakt: Herr Babel, Herr Gembalowski
Herr Krause

Bremen
Handwerkskammer Bremen
Ansgaritostr. 24
W-2800 Bremen 1
Tel.: 305 00-0
Kontakt: Herr Meyerdierks
Tel.: 305 00-16
Schwerpunkt: Gebiet Rostock

Hamburg
Handwerkskammer Hamburg
Holstenwall 12
W-2000 Hamburg 36
Tel.: 359 05-1

Hessen
Arbeitsgemeinschaft der hessischen Handwerkskammern
Bahnhofstr. 63
W-6200 Wiesbaden
Tel.: 136-0
Fax: 136-55
Kontakt: Herr Brandes
Tel.: 136-120
Schwerpunkt: Thüringen

Rheinland-Pfalz
Landeshandwerksvertretung von Rheinland-Pfalz
Göttelmannstr. 1
W-6500 Mainz 1
Tel.: 8302-0
Kontakt: Herr Tartter
Tel.: 8202-35
Schwerpunkt: Gebiete Erfurt und Weimar

Saarland
Handwerkskammer des Saarlandes
Hohenzollernstr. 47-49
W-6600 Saarbrücken 1

Tel.: 5809-177
Kontakt: Herr Eberhardt
Tel.: 58 09-135
Schwerpunkt: Gebiet Cottbus

Schleswig-Holstein
Landeshandwerksrat Schleswig-Holstein
Breite Str. 10-12
W-2400 Lübeck 1
Tel.: 1506-0
Kontakt: Frau Pohling und Herr Albert
Schwerpunkt: Mecklenburg, Schwerin, Vorpommern

Industrie- und Handelskammern

Deutscher Industrie und Handelstag (DIHT)
Adenauerallee 148
W-5300 Bonn 1
Tel.: 10 4-232
Herr Korn
Tel.: 104 226
Die Kooperationsbörse stellt ausgemusterte, aber funktionstüchtige Geräte und Anlagen für selbständige Unternehmen auf dem Gebiet der ehemaligen DDR zur Verfügung

Baden-Württemberg
IHK Mittlerer Neckar
(Stuttgart)
Jägerstr. 30
W-7000 Stuttgart 1
Tel.: 20 05-0
Kontakt: Herr Bergmann
Tel.: 20 05 - 231
Schwerpunkt: Sachsen

Bayern
IHK für München und Oberbayern
Max-Joseph-Str. 2
W-8000 München 2
Tel.: 51 16-0
Beratungsstelle für Unternehmen aus Gebieten der ehemaligen DDR: Herr Huber
Tel.: 51 16 - 310

Berlin-West
IHK Berlin
Hardenbergstr. 16-18
W-1000 Berlin 12
Tel.: 31 80-1
Sammelstelle für Kooperationswünsche: Herr Bremm,
Tel.: 31 80-322

Hessen
IHK Darmstadt
Rheinstr. 89
W-6100 Darmstadt
Tel.: 871-0
Kontakt: Herr Link-Hessing
Tel.: 871-252
Schwerpunkt: Dresden

IHK Kassel
Ständeplatz 17
W-3500 Kassel
Tel.: 78 91-276
Schwerpunkt: Gebiet Erfurt

Nordrhein-Westfalen
IHK Bochum
Ostring 30-32
W-4630 Bochum 1
Tel.: 68 90 1-0

Kontakt: Herr Dr. Merz
Tel.: 6890 1-33 und 34

Saarland
IHK des Saarlandes
Franz-Josef-Röcker-Str. 9
W-6600 Saarbrücken 1
Tel.: 50 8-1
Kontakt: Frau Klos
Tel.: 50 8 - 256
Schwerpunkt: Gebiet Cottbus

Freie Berufe

Bundesverband der Freien Berufe
Godesberger Allee 54
W-5300 Bonn 2
Tel.: 37 66 35

Bundesärztekammer
Herbert-Lewin-Str. 5
W-5000 Köln 41
Tel.: 40 04-1

Verband der niedergelassenen Ärzte Deutschlands e. V. (NAV)
Belfortstr. 9V
W-5000 Köln 1
Tel.: 72 70 72

Gemeinschaft Fachärztlicher Berufsverbände
Arndtstr. 20
W-6204 Taunusstein
Tel.: 36 25

Hartmannbund - Verband der Ärzte Deutschlands e. V.
Godesberger Allee 54
W-5300 Bonn 2
Tel.: 81 04/0
Kontakt: Frau Bertels-Heering

Bundesvereinigung Deutscher Apothekenverbände ABDA
Beethovenplatz 1-3
W-6000 Frankfurt 97
Tel.: 754 41

Bundesarchitektenkammer
Königswinterer Str. 709
W-5300 Bonn 3
Tel.: 44 10 41-43

Architektenkammer Berlin
Flensburger Str. 5
W-1000 Berlin 21
Tel.: 391 20 81

Vereinigung Freischaffender Architekten Deutschlands e. V.
Poppelsdorfer Allee 48
W-5300 Bonn 1
Tel.: 63 15 68

Bundesrechtsanwaltskammer
Joachimstr. 1
W-5300 Bonn 1
Tel.: 22 30 05

Rechtsanwaltskammer Berlin
Heerstr. 2
W-1000 Berlin 19
Tel.: 302 10 96 bis 98

Deutscher Anwaltsverein e. V. (DAV)
Adenauerallee 106
W-5300 Bonn 1
Tel.: 26 070
Telex: 88 69 691

Deutscher Steuerberaterverband e. V.
Bertha-von-Suttner-Platz 25
W-5300 Bonn 1

Tel.: 65 37 73
Kontakt: Frau Decken
Tel.: 5211

Bundesverband der deutschen Unternehmensberater e. V. (BDU)
Friedrich-Wilhelm-Str. 2
W-5300 Bonn 1
Tel.: 23 80 55

Finanzinstitute/Banken

Berliner Industriebank AG
Landecker Str. 2-3
W-1000 Berlin 33
Postfach 11 05 80
Tel.: 82 00 3-0
Telex: 183749
Fax: 824 30 03

Information

Arbeitsgemeinschaft Exportzeitschriften
Ottostr. 7a
W-8600 Bamberg
Tel.: 22 672

BBE-Unternehmensberatung
Lothringer Str. 56-58
W-5000 Köln 1
Tel.: 33 97 - 262

Bundesanzeigeverlag
Postfach 10 80 06
W-5000 Köln 1
Tel.: 20 29 - 0

Bundeszentrale für Politische Bildung
Berliner Freiheit 7
W-5300 Bonn 1
Tel.: 5151
Telex: 886 392 bzfpb d
Fax: 5153 13

Deutscher Wirtschaftsdienst
Marienburger Str. 22
W-5000 Köln 51
Tel.: 37 695 - 0
Fax: 376 9517

Deutsches Institut für Wirtschaftsforschung (DIW)
Königin-Luise-Str. 5
W-1000 Berlin 30
Tel.: 829 91-0, 82991212
Fax: 82 99 12 00

Messeorganisation in den neuen Bundesländern

Deutsche Messe- und Ausstellungs-GmbH Berlin
Tucholskystr. 40
O-1040 Berlin

Interwerbung GmbH
Gesellschaft für Werbung und Auslandsmessen der DDR
Hermann-Duncker-Str. 89
Postfach 230, O-1157 Berlin
Tel.: 509 0981, 509 0881
Telex: 112 106 integ dd

Leipziger Messeamt
Markt 11-15, Postfach 720
O-7010 Leipzig
Tel.: 71 810
Telex: 512 294 ima dd
Fax: 718 15 75
Fax Messegelände: 861 23 01

Media GmbH
Geschäftsführer: A.-J. Matuschek
Körnerstr. 40
O-1110 Berlin
Tel.: 482 6680, 611 7070

Marketing in den neuen Bundesländern

iberma GmbH-Gesellschaft für internationale Wirtschafts- und Marktberatung
Thulestr. 44
O-1100 Berlin
Tel.: 470 80
Telex: 114 548

Internationales Handelszentrum
Friedrichstraße
O-1086 Berlin
Tel.: 2096-0

"Die Wirtschaft: Wochenzeitung für Wirtschaft, Handel und Finanzen"
Markt und Wirtschaft GmbH
Am Friedrichshain 22
O-1055 Berlin
Tel.: 438 72 50 (Sekr.)
Telex: 114 566

"Die Marktwirtschaft" (Das Ost-West-Magazin)
Zeitschrift des Unternehmerverbandes
Unter den Linden 36-38
O-1086 Berlin
Tel.: 22 31 288-766

Verbände in den neuen Bundesländern

Arbeitsgemeinschaft Selbständige in der SPD
Hinrich Peters
Niederbarnimstr. 4
O-1034 Berlin
Tel.: 589 53 82

BDS-Vertretung Brandenburg
Heinz Böhning
Plauer Str. 8
O-1800 Brandenburg

BDS-Vertretung Chemnitz
Gunter Kaden
Reinhardtstr. 11
O-9072 Chemnitz

BDS-Vertretung Dresden
Detlef Thorand
Ainné-Glatzer-Str. 6
O-9072 Dresden

BDS-Vertretung Groß-Röhrsdorf
Heiko Sens
Passerstr. 26
O-8512 Groß-Röhrsdorf

BDS-Vertretung Klein-Machnow
Joachim Blunke
Wendemarken 32
O-1532 Klein-Machnow

BDS-Vertretung Meißen
Werner Clausnitzer
Straße der Befreiung 7
O-8250 Meißen

BDS-Vertretung Potsdam
Dieter Franke
Leninallee 20
O-1500 Potsdam

BDS-Vertretung Rostock
Klaus Wötzel
Kuznezow-Ring 10
O-2520 Rostock 26

BDS-Vertretung Ückermünde
Reinhold Junker
Straße der Befreier 113
O-2120 Ückermünde

Ländlicher Genossenschaftsverband Thüringen/
Raiffeisen e. V.
Thälmannstr. 58
O-5010 Erfurt
Tel.: 15592 49

Mittelstandsvereinigung der CDU
Udo Doerr
Weinbergstr. 92
O-8023 Dresden
Tel.: 57 55 12
priv.: 73481

Privater Einzelhandelsverband für Sachsen
Geschäftsführer: Volker Kraft
Gottschedstraße
O-7010 Leipzig
Tel.: 28 17 02

Raiffeisenverb. der DDR e. V.
Reinhardstr. 14
O-1040 Berlin
Tel.: 289 35 06
Telex: 114625

Selbständiger Unternehmerverband e. V.
des Landes Sachsen
Vorsitzender: Heinz-Werner Lehmann
Amselsteig 16
O-9071 Chemnitz

Unternehmerverband
Geschäftsstellenleiter: Herr Wilke
Unter den Linden 36-38
O-1086 Berlin
Tel.: 203 42 88

Unternehmerverband privater Gastwirte (UPG)
Geschäftsführer: H. J. Gotz
Schönauerstr. 137
O-7060 Leipzig
Tel.: 78 40 12

Verband der Kreditgenossenschaften
Unter den Linden 39
O-1080 Berlin
Tel.: 2299 085 oder
Tel.: 2291 902

Verband Thüringer Kaufleute
Vorsitzender: Rolf Lehmann
Firma Lehmann
Am Kühlhaus
O-5084 Erfurt
Tel.: 21 513
Geschäftsführer: Dr. Jens Mähler
Hirnzigenweg 38
O-5084 Erfurt
Tel.: 24 939

Fachverbände in den neuen Bundesländern

Gaststätten- und Hotelverband Brandenburg
Otto-Grotewohl-Str. 60
O-1580 Potsdam
Tel.: 865 89
Geschäftsführerin: Frau Kußmann

Verband der Konsumgenossenschaften
Stresemannstr. 128
O-1080 Berlin
Tel.: 2 23 80

Zentralverband Sanitär Heizung Klima
Landesverband Thüringen
Georg-Büchner-Str. 10
O-6500 Gera
Tel.: 22 019
Vors.: Landesinnungsmeister Manfred Pötzsner

Landesverband Sachsen
Kreuzstr. 43
O-7010 Leipzig
Tel.: 64 776
Vors.: Landesinnungsmeister Rolf Freiberger

Kammern in den neuen Bundesländern

Handwerkskammer des Gebietes Chemnitz
Aue 13
O-9001 Chemnitz
Tel.: 3 49 44

Handwerkskammer des Gebietes Cottbus
Altmarkt 17
O-7500 Cottbus
Tel.: 2 20 31

Handwerkskammer des Gebietes Dresden
Wiener Str. 43
O-8020 Dresden
Tel.: 47 59 81

Handwerkskammer des Gebietes Erfurt
Fischmarkt 13-16
O-5020 Erfurt

Handwerkskammer des Gebietes Frankfurt/Oder
Bahnhofstr. 12
O-Frankfurt/O.
Tel.: 2 36 65

Handwerkskammer des Gebietes Gera
Puschkinplatz 4
O-6500 Gera
Tel.: 5 10 03

Handwerkskammer des Gebietes Halle
Gräfestr. 24
O-4020 Halle
Tel.: 3 72 61

Handwerkskammer des Gebietes Leipzig
Lessingstr. 7
O-7010 Leipzig
Tel.: 76 91

Handwerkskammer des Gebietes Magdeburg
Humboldtstr. 16
O-3014 Magdeburg
Tel.: 3 18 55 und 4 23 08

Handwerkskammer des Gebietes Neubrandenburg
Friedrich-Engels-Ring 11
O-2000 Neubrandenburg
Tel.: 51 31

Handwerkskammer des Gebietes Potsdam
Wilhelm-Pieck-Str. 34-36
O-1500 Potsdam
Tel.: 44 11

Handwerkskammer des Gebietes Rostock
August-Bebel-Str. 104
O-2754 Schwerin
Tel.: 55 21

Handwerkskammer des Gebietes Suhl
Rosa-Luxemburg-Str. 9
O-6000 Suhl
Tel.: 2 01 13

Industrie- und Handelskammern in den neuen Bundesländern

IHK Chemnitz
Straße der Nationen 25
O-9010 Chemnitz
Tel.: 6 82 36 46
Direktorin: Brigitte Reinhardt

IHK Cottbus
Sandower Weg 23
O-7500 Cottbus
Tel.: 2 48 41-43
Präsident: Heinz Herfahrth
HGF: Rainer Krautheim

IHK Dresden
August-Bebel-Str. 48
O-8020 Dresden
Tel.: 47 95 47
HGF: Elvira Horn

IHK Erfurt
Friedrich-List-Str. 36
O-5010 Erfurt

Tel.: 34 56 - 58
Präsident: Karl-Heinz Kattlig
HGF: Herr Dorge

IHK Gera
Am Leninpark
O-6500 Gera
Tel.: 5 15 13
HGF: Ingrid Vollhardt

IHK Halle
Gräfestr. 24
O-4020 Halle
Tel.: 3 72 61
Präsident: Wolfgang Fell
HGF: Frau Ackermann

IHG Leipzig
Erfurter Str. 2
O-7022 Leipzig
Tel.: 5 51 21-23
HGF: Herr Manegold

IHK Magdeburg
Alter Markt 8, Postfach 5
O-3010 Magdeburg
Tel.: 3 39 51
Präsident: Eberhard Pohl
Amtierender Direktor: Herr Glöckner

IHK Neubrandenburg
Speicherstr. 21
O-2000 Neubrandenburg
Tel.: 21 09
Präsident: Julius Kessow

IHK Potsdam
Große Weinmeisterstr. 59
O-1561 Potsdam

Tel.: 2 15 91
Präsident: Hans-Joachim Lene
HGF: Werner Hiltmann

IHK Rostock
Stephanstr. 9
O-2500 Rostock
Tel.: 3 72 81
Präsident: Wilfried Nontschick
HGF: Manfred Siebert

IHK Schwerin
Friedensstr. 4a
O-2751 Schwerin
Tel.: 41 45
Präsident: Hansheinrich Liesberg
HGF: Günther Rösler

IHK Suhl
Auenstr. 27, Postfach 15
O-6015 Suhl
Tel.: 2 22 78
Präsident: Jürgen Rosenau
HGF: Dipl.-Jurist Karin Rau
(beide kommissarisch)

Freie Berufe in den neuen Bundesländern

Anwaltverein Chemnitz
c/o Herrn RA Frank Hartmann
Lessingstr. 1
O-9800 Reichenbach

Anwaltverein Erfurt
c/o Herrn RA Siegfried Metz
Straße der DSF 16a
O-5630 Heilbad-Heiligenstadt

Anwaltverein Leipzig
c/o Herrn RA Roland Finsterbusch
Albert-Kunz-Str. 40
O-7240 Grimma

Anwaltverein Magdeburg
c/o Herrn RA Klaus Lilie
Heydeckstr. 12
O-3010 Magdeburg

Communication Group KS & P Erfurt
Friedrich-Ebert-Str. 47
O-5083 Erfurt
Tel.: 34 01
Fax: 26 373
Telex: 61346 dewag dd
Ansprechpartner: Herr Hesse

Architektenkammern in den neuen Bundesländern

Dr. Walter Krüger
Dircksenstr. 37
O-1020 Berlin
Tel.: 281 24 39

Dipl.-Ing. Hans-Joachim Kölling
Kiezstr. 8
O-1560 Potsdam
Tel.: 751 69

Bernhard Schuster
c/o Landesbauamt
Straße der deutsch-polnischen Freundschaft
O-1200 Frankfurt/Oder
Tel.: 38 82 38

Prof. Dr. Michael Fröhner
c/o Hochschule für Bauwesen Cottbus
Karl-Marx-Str. 17
O-7500 Cottbus
Tel.: 69 23 83

Bund der Architekten (BDA)
Breite Str. 36, O-1020 Berlin
Tel.: 2 12 44 97

Patentanwaltsbüro
Frankfurter Allee 286
O-1130 Berlin
Tel.: 525 2018

Vereinigung der Juristen
Littenstr. 14-15
O-1020 Berlin
Tel.: 212 32 35

Großhandel in den neuen Bundesländern

Großhandel Waren des alltäglichen Bedarfs (WtB)
Waldbauerstr. 4-6
O-7024 Leipzig
Tel.: 2497-0

Großhandel Obst, Gemüse, Speisekartoffeln (OGS)
Zwickauer Str. 42
O-7010 Leipzig
Tel.: 88 110

Literaturempfehlungen

Bücher:

AFA-Tabelle. Berlin: Verlag Die Wirtschaft Berlin GmbH 1990

GmbH-Taschenbuch. Berlin: Verlag Die Wirtschaft Berlin GmbH/ Lizenznahme des Otto-Schmidt KG Verlages

Graichen, D.; Pieper, R.: Taschenlexikon Marktwirtschaft – Grundbegriffe für Einsteiger. Berlin: Verlag Die Wirtschaft Berlin GmbH 1990

Kardaetz, J. (Hrsg.): Steuern leicht verständlich – Überblick über das neue Steuerrecht. Berlin: Verlag Die Wirtschaft Berlin GmbH 1990

Moxter, A.: Bilanzlehre I – Einführung in die Bilanzlehre. Berlin: Verlag Die Wirtschaft Berlin GmbH 1990/Lizenznahme des Betriebswirtschaftlichen Verlages Gabler

Moxter, A.: Bilanzlehre II – Einführung in das neue Bilanzrecht. Berlin: Verlag Die Wirtschaft Berlin GmbH 1990/Lizenznahme des Betriebswirtschaftlichen Verlages Gabler

Nagel, K.: 200 Strategien, Prinzipien und Systeme für den persönlichen und unternehmerischen Erfolg. Landsberg/Lech: verlag moderne industrie 1988

Rohde, E.: Banken, Börsen, Währungen. Berlin: Verlag Die Wirtschaft Berlin GmbH 1990

Rose, G.: Die Ertragssteuern. Berlin: Verlag Die Wirtschaft GmbH/Lizenznahme des Betriebswirtschaftlichen Verlages Gabler

Rose, G.: Die Substanzsteuern. Berlin: Verlag Die Wirtschaft Berlin GmbH/Lizenznahme des Betriebswirtschaftlichen Verlages Gabler

Rose, G.: Die Verkehrsteuern. Berlin: Verlag Die Wirtschaft Berlin GmbH/Lizenznahme des Betriebswirtschaftlichen Verlages Gabler

Ratgeber für Unternehmen-Mut zur Selbständigkeit. Berlin: Verlag Die Wirtschaft Berlin GmbH 1990.

Zeitschriften:

das handwerk. Wichtigste Handwerkszeitschrift in den Ländern auf dem Gebiet der ehemaligen DDR (erscheint 2-mal im Monat). Berlin: Verlag Die Wirtschaft Berlin GmbH 1990. Anschrift: Am Friedrichshain 22, O-1055 Berlin

Der Gründungsplaner. Bonn: Verlag Norman Rentrop. Anschrift: Theodor-Heuss-Str. 4, D–5200 Bonn 2

Die Marktwirtschaft (Ost-West-Magazin). Zeitschrift des Unternehmerverbandes. Anschrift: Unter den Linden 36–38, O-1086 Berlin / Tel.: 22 31 288/766

Die Wirtschaft. Unabhängige Wochenzeitschrift für Wirtschaft, Handel und Finanzen. Berlin: Markt und Wirtschaft GmbH. Anschrift: Am Friedrichshain 22, O-1055 Berlin

Personenverzeichnis

Autorenverzeichnis

Dieter Flämig,

Jahrgang 1950, Dipl.-Wirtschaftsingenieur (Maschinenbau) und Dr. rer. oec. an der Technischen Universität Berlin. Zunächst 4 Jahre Industrieerfahrung und ab 1981 Pressesprecher und Leiter des Grundsatzreferates des Westberliner Wirtschaftssenators. Seit 5 Jahren Leiter der Arbeitsmarktabteilung des Senats von Berlin. 1986 bis 1989 Mitglied im Vorstand der Bundesanstalt für Arbeit. Bis Juli 1990 ehrenamtlicher Generalsekretär des Sachverständigenrates des Ministerrates der DDR.

Von 1982 bis 1983 Landesvorsitzender der Jungen Union Berlin, Leiter des Forums für Arbeit und Betriebe der CDU Berlin.

Siegfried Helias,

Jahrgang 1943, hat die "klassischen" Stationen der Werbung in Industrie, Agentur und Verlag als Texter, Kontaktgruppenleiter und Werbeleiter durchlaufen. Seit 1976 selbständig tätig als Kommunikationsberater. Weitere Arbeitsschwerpunkte sind die Aus- und Weiterbildung, Betriebsberatung und Filialnetzplanung. Siegfried Helias ist arbeitsmarktpolitischer Sprecher der CDU-Fraktion im Abgeordnetenhaus von Berliin und Vorsitzender des Mittelstands-Beratungs-Vereins (MBV).

Christian Luther,

Jahrgang 1958, Studium an der Freien Universität Berlin und an der Fachhochschule für Verwaltung und Rechtspflege in Berlin. Diplom-Verwaltungswirt.

Berufliche Tätigkeit als Leitungsreferent bei Berliner Senatsverwaltungen. Beteiligungen an Betrieben im Handwerks-

und Dienstleistungssektor. Zur Zeit Geschäftsführer einer Werbeagentur und einer Unternehmensberatungsgesellschaft.

Hans Masemann,
Jahrgang 1951, war nach seiner Ausbildung zum Bankkaufmann und Diplom-Betriebswirt 9 Jahre in der Aus- und Weiterbildung in verschiedenen Kreditinstituten und Verbänden tätig. Seit 1987 ist er Geschäftsführender Gesellschafter der Personal-Entwicklungs-Beratung GmbH in Berlin.
Seine Schwerpunkte sind neben bankspezifischen Weiterbildungs-Seminaren das Training von Nachwuchs-Führungskräften und Projekte zur Weiterqualifizierung arbeitsloser Hochschulabsolventen. Seit 1990 Lehraufträge an der Technischen Universität Berlin.

Alexander Poblotzki,
Jahrgang 1953, ist seit 1971 bei gesetzlichen Krankenkassen tätig.
Zur Zeit stellvertretender Leiter der Hamburg-Münchener Ersatzkasse in Berlin mit den Aufgabenbereichen Personalangelegenheiten, Außenorganisation, Aus- und Fortbildung von Service-Mitarbeitern. Neben dieser hauptberuflichen Tätigkeit leitet er Seminare im Bereich Personalsachbearbeiter- und Verkäufertraining.

Julius Wallot,
Jahrgang 1950, ist Rechtsanwalt und Lehrbeauftragter an der Hochschule der Künste für Arbeitsrecht und Bürgerliches Recht.

Reinhard Weiser,
Jahrgang 1935, Studium der Betriebswirtschaftslehre an der Freien Universität Berlin unter besonderer Berücksichtigung der Fächer Wirtschaftsprüfung und Steuerberatung sowie Betriebswirtschaftliche Steuerlehre. Praktische Tätigkeit auf diesen Gebieten. Seit 1970 selbständig tätig. Ab 1980

1. Vorsitzender des Berliner Verbandes der Steuerberater und vereidigten Buchprüfer e.V.

Jürgen Wuthe,
Jahrgang 1941, Ingenieur für Kopierwerktechnik und Dr. oec. 5 Jahre Tätigkeit als Absatzleiter. 10 Jahre Industrieerfahrung und 10 Jahre Tätigkeit im Ex- und Importgeschäft.
Leiter von Seminaren an der Hochschule für Ökonomie Berlin auf den Gebieten Computertechnik und internationale Finanzgeschäfte. Vorsitzender des Direktorenverbandes Berlin.

Werner Sydow (Gutachter),
Studium der Betriebswirtschaft und Promotion an der Martin-Luther-Universität Halle/Wittenberg zum Dr. rer. oec. 1978 Habilitation. Seit über 25 Jahren Beschäftigung mit Fragen des wissenschaftlich-technischen Fortschritts. Herausgeber der Bücher "In die Zukunft gedacht" und "Technologien im Umbruch", erschienen im Verlag Die Wirtschaft Berlin.
Gastvorlesungen an der Hochschule für Ökonomie Berlin sowie an den Universitäten in Leipzig, Halle und München. Zuletzt tätig beim Rundfunk der DDR als Stellvertreter des Vorsitzenden mit den Verantwortungsbereichen Wissenschaft/Technik und Ökonomie.

Sachwortverzeichnis

L

M

S

U

V

W